デジタルテクノロジーと
時間の哲学

Digital Technologies, Temporality,
and the Politics of Co-Existence

M.クーケルバーク
Mark Coeckelbergh

直江清隆・佐藤 駿・鹿野祐介［訳］

丸善出版

Digital Technologies, Temporality, and the Politics of Co-Existence

by

Mark Coeckelbergh

First published in English under the title
Digital Technologies, Temporality, and the Politics of Co-Existence
by Mark Coeckelbergh, edition: 1
Copyright © The Author(s), under exclusive license to Springer Nature
Switzerland AG, 2022

This edition has been translated and published under license from Springer
Nature Switzerland AG through Japan UNI Agency, Inc., Tokyo.
Springer Nature Switzerland AG takes no responsibility and shall not be made
liable for the accuracy of the translation.

Japanese copyright © 2024 by Maruzen Publishing Co., Ltd.

原著者まえがき

　デジタルテクノロジーの進化は、私たちの生活のあらゆる側面に大きな影響を与え、現代社会における技術と人間との関係について重要な問題を提起している。その核心にあるのは、私たちが時間をどのように認識しているかという点である。本書では、デジタルテクノロジーによって時間の流れと人間の存在がどのように変化しているか、そして、その変化が私たちの社会や政治にどのような影響を与えているかを、哲学的観点から探求していく。

　従来、時間は一定の速度で進むものと考えられてきた。しかし、デジタルテクノロジーの普及は、この認識を根本的に変えつつある。電子メール、チャット、ビデオ通話などのデジタルテクノロジーは、情報を瞬時に処理し、リアルタイムのコミュニケーションを可能にするため、物理的・地理的な距離とともに、時間も圧縮されているかのような感覚を生み出す。また、リアルタイムの情報共有により、私たちは以前よりも「今、ここ」に集中するようになった。この「即時性」のメリットは明らかであるが、一方で、過去と未来の境界を曖昧にし、熟考や内省のための時間を奪うというリスクもある。同時に、デジタルテクノロジーによって、身体的に経験する「今」とのつながりが失われ、私たちは常に未来に生きることになる。より社会的な観点から見ると、デジタルメディアはソーシャルメディアプラットフォームを通じて新たな共存形態をもたらし、私たちの社会的つながりを再構築するのに役立っている。例えば、AIやその他の先進技術は、異なる時間的・空間的な感覚を結びつけている。これは「共通の時間」につながるのだろうか。この問いは、環境問題に関する議論に関連しており、より一般的に言えば、共存の倫理と政治に関する課題に関連している。デジタルテクノロジーが気候や環境に与える影響と、それが持続可能な未来に向けた行動を促す可能性は、重要な問題である。

i

本書では、プロセス哲学、ナラティブ理論、パフォーマンス概念をもとに、デジタルテクノロジーが社会構造や個人間の関係に与える影響を分析している。時間を動的なプロセスとして捉えるプロセス哲学の視点をデジタルテクノロジーに適用することで、デジタルテクノロジーが時間や存在の感覚にどのような影響を与えるかを研究することができる。プロセス哲学の観点から、デジタル時代の急速な変化と連続的なプロセスが、人々の存在感や自己認識、ひいては「人間的成長」をどのように再形成する可能性があるかを考察することができるのである。また、ナラティブ理論も時間と人間の存在の関係を深く探求している。この理論に依拠することで、デジタルコミュニケーションの瞬間的かつ断片的な性質が、個人の物語や集団の物語をどのように再形成するかを考察することができる。さらに、テクノパフォーマンスという概念は、デジタルテクノロジーと人々の存在の相互作用を、社会や政治との関連性の中で探求するための強力なツールである。例えば、ソーシャルネットワーキングサイトへの投稿やAIとのやりとりは、私たちの時間感覚や行動パターンを変え、新たな共存のかたちを生み出している。

　デジタル時代において、私たちが時間をどう管理し、どう共存していくかは、重要な倫理的・政治的問題である。これは単に物理的時間の管理だけではなく、生活の質や、私たちがどう共存していくかということでもある。デジタルテクノロジーを一概に否定すべきではないが、私たちはそれらとの関わり方を考え直す必要がある。それは、私たちの時代、私たちのナラティブ、私たちのパフォーマンスをかたちづくる上で、デジタルテクノロジーが果たす役割を認識した上で初めて可能になる。私たちは、技術と共存するだけでなく、技術を通じて、あるいは技術を使用して、他者と共存する方法について考える必要がある。技術の急速な進歩により、私たちの共存の可能性はすでに変化している。私たちは、これらの変化を踏まえた倫理について考え、集団や政治レベルでの課題に果敢に取り組む必要がある。さらに、未来における共存のビジョンを考える際には、異なる文化について考え、異文化間の対話を行うことも重要である。現在の世界情勢、特に私たちが現在経験している複数の危機

を踏まえて、これらの問題について考え抜くことは、興味深いだけでなく、必要でもあるだろう。デジタル技術によって新たな共通の時間を作り出すことで、よりよい生活、よりよい存在、そしてこの地球上でよりよく持続可能な共存のあり方を共に模索し、前進していくことが可能になるかもしれないのだ。

2024年10月

M. クーケルバーク

●訳者一覧●

直江清隆	東北大学大学院文学研究科教授	〔第 1 章〕
佐藤　駿	岩手大学教育学部准教授	〔第 2 章〕
鹿野祐介	大阪大学 CO デザインセンター特任助教	〔第 3 章〕

目　　次

第 1 章　イントロダクション ……………………………………… 1
　　　——時間、実存、技術

時間の加速と実存／地球レベルでの時間／現在主義
の陥穽／デジタルテクノロジーによる時間形成／
時間と技術を再考する／本書の構成

第 2 章　プロセス、ナラティブ、パフォーマンス ………… 25
　　　——デジタルテクノロジーは時間性と実存をどのよう
　　　　　にかたちづくるのか

プロセス ……………………………………………………… 29
プロセス哲学の考え方／プロセス哲学をデジタルテ
クノロジーの哲学に応用する／デジタルテクノロジ
ーと私たちの責任

ナラティブ …………………………………………………… 52
プロセスアプローチにナラティブ理論を統合する／
ナラティブに伴う責任

パフォーマンス ……………………………………………… 45
プロセスとナラティブの身体的 = 運動的な側面と行
為遂行的性格／時間のテクノパフォーマンス／時間
のテクノパフォーマンスの政治性／テクノパフォー
マンスとしての実存

複数時間性と権力 …………………………………………… 67
時間の多元性とその統合／時間のテクノパフォーマ
ンスの政治的・規範的な側面

vii

第3章　**人間的年代における共通時間を求めて** ………… 75
　　　──善き時間、同時代化、そして気候変動時代におけ
　　　　るグローバルな共＝実存の政治

カイロス：善き時間と意味のある存在 ……………… 76
善き時間のパフォーマンスとは何か／異なる時間の
テクノパフォーマンスと時間的パフォーマンス／時
間の管理とデジタルテクノロジー／デジタルテクノ
ロジーと善き時間

**カイロス的政治と同時代化：気候変動時代における時間と
共＝実存の政治** ……………………………………… 93
時間の創造と政治性／ポスト人間年代的思考と同時
代化／デジタルテクノロジーと政治的なテクノパフ
ォーマンス／カイロス的政治とその責任／善き時間
と新たなテクノパフォーマンス

訳者解説 ………………………………………………… 121
参考文献 ………………………………………………… 135
索　　引 ………………………………………………… 143

●凡例●
【　】で括って太字で表した見出しは訳者による小見出しであり、［　］は補訳
した箇所、〈　〉は意味的なまとまりを明示するために括った箇所をそれぞれ
表している。原語が複数の意味を表している場合には「提示」（現前化）のよ
うに表記してある。

viii

第1章

イントロダクション
時間、実存、技術

概要　この章では、本書のテーマを紹介し、内容のあらましを述べる。私たちは今日、時間が足りない、何もかもが加速している、こう感じている。私たちは死を恐れ、不確かな世界に直面しているのだ。デジタルテクノロジーのおかげで、私たちは今という時間を過剰なまでに生きている。いや、私たちは自分に対して、他人に対して、世界に対して、今という時間を十分に生きてはいないのかもしれない。デジタルテクノロジーによって、私たちの今ある傷つきやすい存在はかたちづくられ、またかたちを変えてきている。本書では、このことがいったい何を意味するのかを立ち入って解き明かそうとする。そのため、本書では、デジタルメディアが生み出す時間性についていち早く分析した先行文献と取り組み、時間の政治学の思想に応答する。しかし、本書は、プロセス哲学やナラティブ理論、そしてまた著者の主張する「テクノパフォーマンス」という概念を用いることで、私たちが今日どのように時間のうちに存在し、どのように時間を作っているのかを概念的に捉えるための独自の用語を提案する。本書はまた、デジタル的存在の規範的な面についても考察する。つまり、時間のテクノパフォーマンスの倫理と政治についてである。誰が、そして何が、私たちの時間をかたちづくる力を持っているのだろうか。人間的年代（Anthropochrone）＊1の中で、私たちはどのようにしたらうまく同調し、共存することができるのだろうか。そして、その問いに答えるために、私たちは他の文化から何を学ぶことができるのだろうか。

キーワード：デジタルテクノロジー、時間、時間性、存在、傷つきやすさ（脆弱性）

【時間の加速と実存】

　時間がない、時間が残されていない、急いだほうがいい。これらは、およそ私たちが科学や技術、メディアから受け取るメッセージである。デジタル時計やカレンダーは、次の予定にいかなければいけないと告げてくる。次の会議や次の仕事がそれだ。時間がない。一日は短い。早く仕事し、早く生きなければならない。締切があるのだ。すぐさまメールを処理しないと、つぎつぎと新しいメールが届いて、私たちの手に負えなくなってしまう。今すぐレジャーの計画を立てたり、講習を受けないと、機会を逃してしまう。今、友人や医者に電話しないと、手遅れになる。この商品を買わないと、何かを手に入れ損なってしまう。私たちは、加速とスピードの社会に生きているのだ[2]。時間がないのだ。デジタルテクノロジーが発達した今、時間はさらになくなってきている。トーマス・エリクセン[3]が『瞬間による専制』のなかで述べているように、「時間節約術」が世にあふれているにもかかわらず、「何百万もの人々が、今

＊1　（訳注）Anthropochrone：人新世（Anthropocene）に準えて著者が本書で作った造語。「人間の時代、人間の時間、特に年代的な時間」と定義される（本書86頁を参照）。

＊2　（原注）スピードと社会についての古典的著作としては、Virilio, Paul, *Speed and Politics*（ヴィリリオ『速度と政治』市田良彦訳、平凡社ライブラリー、2001）がある。より早い時代にはゲオルク・ジンメルが、大都市の文脈から現代の時間性を分析し、加速と即時性を指摘している。社会におけるスピードと加速に関する最近の研究としては、例えば、Rosa and Scheuerman（eds）, *High Speed Society* がある。この文脈で使われているもう一つの用語は、デイヴィッド・ハーヴェイが『ポストモダニティの条件』（吉原直樹監訳、ちくま学芸文庫、2022／ David Harvey, *The Condition of Postmodernity*, Blackwell, 1990.）の中で用いた「時間空間の圧縮」である［デヴィッド・ハーヴェイ（David Harvey）は、イギリスの地理学者。人文地理学・社会理論・政治経済学・批判地理学に関する著作がある］。

＊3　（訳注）トーマス・エリクセン（Geir Thomas Hylland Eriksen）はノルウェーの人類学者。

ほど時間の余裕をなくしているときはない」*4。あるいは、ハンナ・アーレント*5が『人間の条件』ですでに述べているように、「スピードは空間を征服した」のである*6。

こうしたスピード感や時間のなさ感には、実存的な面もある。一見際限がないように思われるデジタルの時間も、有限性を実感することで、容赦なく中断されてしまうことがある。携帯電話やコンピューターに忙殺されているうちに、数週間、数カ月、数年が、あっという間に、そして確実に過ぎ去っていく。デジタルの時間と空間には限界がないように見えるが、私たちの人生の時間は限られており、私たちは死すべき存在である。いつかは終焉のときがやって来る。これは一般的に言えることでも、抽象的なことでもない。あなたの身に、私の身に起こることなのだ。私たちは歳を取り、死んでいく。それは受け入れがたいことではある。とりわけ、若さを賛美し、永遠の生を送るかのように生きることを奨励する文化のなかではそうである。私たちは未来を恐れる。未来は若さの終わりである。終わりの始まりだと理解されるからである。他人の未来であれ、自分の未来であれ、そうなのだ、私たちは未来を望まない。未来は終わりを意味するからである。ひとたび自分の有限性を認識すると、未来はもはや抽象的なもの、人類がそれに向かって進んでいるものではない。そうではなく、未来は痛いほど個人的なものになる。歳月を重ねるにつれ、私たちは愛する人が死に、自分自身の死が近づいていることに気がつく。ハイデガーが『存在と時間』のなかで述べているように、私たちは不安*7を経験するのだ*8。日常生活のなかでは、私たちは死について平静を装い、死は世界のどこかしらで起きていることと考えがちである。[他人ごととしての]

＊4　（原注）Eriksen, *Tyranny of the Moment*.
＊5　（訳注）ハンナ・アーレント（Hannah Arendt, 1906-1975）は、ドイツ出身の政治哲学者、思想家。本書の他、『全体主義の起源』（1951）、『暴力について』（1969）など他数の著書が邦訳されている。
＊6　（原注）Arendt, *The Human Condition*, 250.（ハンナ・アーレント『人間の条件』牧野雅彦訳、講談社学術文庫、2023、p. 456）/『活動的生』森一郎訳、みすず書房、2015）

死に関する数々の事例[9]があり、死に関する統計があるからである。しかしあるとき突然、自分の番がやってくることに私は気がつくかもしれない。そうなると、死ぬということは、もはや「誰か」に起こることでも、世界のどこかで起こることでもなく、この私の身に起こることなのだ。ハイデガーや他の多くの有名な実存主義者たちが言うことを超えて受け止めるならば、死は私の両親、私のパートナー、私の友人などにも起こることなのだ。

だが、今日では科学、技術、およびメディアは、私たち自身の有限性から意識を逸らせているばかりではなく、死をより想像しやすく具体的なものにすることで、不安を避けがたいものにし、私たちに死を思い起こさせてもいる。自然科学や統計学は、私たちの寿命が限られていることを思い出させてくれる。データサイエンスは私たちに数字を与えてくれる。平均寿命がそれであるし、パンデミックや戦争による死もそうである。しかし、これらのことはもはや単に抽象的で自分たちとはかけ離れた知識なのではない。例えば、テレビやソーシャルメディアでは死が映し出される。これはまだ〔抽象的な〕「事件」に関するものであるが、そこで私たちが目にするのは自分たちとまさによく似た人々である。さらに個々人を越えた側面もある。「人類」が困難に直面しているのである。高速接続サ

＊7　（訳注）不安：ハイデガーによれば、不安は恐れとは違って特定の対象にではなく、私たちが世界のうちにあること（世界内存在）そのものに関わっている。不安において日常生活に埋没したありかたの居心地のよさを動揺させられ、私たちはその非本来的なあり方を自覚させられることになる。そして「死への不安」を抱くのは、私たちが世界のうちに存在しうる可能性そのものによるのであり、そこでは可能性としての死が私たちの存在に属していることが私たち自身に対して露わになる、とされる（本書10頁の脚注＊29も参照）。

＊8　（原注）Heidegger, *Being and Time*, 235.（ハイデガー『存在と時間（三）』熊野純彦訳、岩波文庫、2013、p. 152）

＊9　（原注）Heidegger, 234.「日常的な共同相互的なありかたにぞくしている公共性は、死をたえず現前する事件として、「死亡事例」として「見知って」いる。あれこれの身近なひと、あるいは疎遠な者が「死ぬ」。見知らぬ人々が日々、また刻々と「死んでゆく」。「死」は、世界内部的に現前する、熟知されたできごととして出会われている。」（同上、p. 144）

ービスのおかげで、私たちは死のグローバル化を経験しているのだ。ウイルスはどこにでも飛散するし、戦争はお茶の間に入り込んでいる。スピードは、ベンジャミン・ブラットン[*10]が「事件や事故のカーニバル」と呼んだものをもたらしている[*11]。ポール・ヴィリリオ[*12]がスピードの暴力について述べたことは有名である[*13]。しかし、それに加えて、デジタルメディアは、暴力の暴力をもたらし、スピードの暴力をよりいっそう個人に内面化されたものにする。私たちは写真を目のあたりにする。ソーシャルメディアは、連日連夜、亡くなった人々についての情報を提供し、抽象的な事件を個人が紡ぎ出す物語に変えてくれる。私たちはCOVID-19の流行に関する数字を目にするが、同時に遺体や残された人々の姿も目にする。私たちは戦争の具体的な映像を目にする。私たちは人々が死ぬことを目にするが、彼らが私たちと同じような人たちであることや、私たちと直接つながっていることを知る。ソーシャルメディアは、遠く離れた人々が死ぬことだけでなく、友人や同僚が死ぬことも見せてくれる。ソーシャルメディアはまた、過去の自分や他人の写真も見せてくれる。私たちは、自分が若かったことや、歳をとったことを知る。このように、これらのメディアはたえず自分たち個人の有限性と死について思い出させてくれる。

【地球レベルでの時間】

　また、このようなスピードと加速のなかで、私たちは意味を探している。科学的な情報を前にした時点で、こうした探索はもう困難

---

*10　(訳注)ベンジャミン・ブラットン (Benjamin H. Bratton) は、アメリカの技術哲学者。

*11　(原注)Bratton, *Logistics of Habitable Circulation*, 23.

*12　(訳注)ポール・ヴィリリオ (Paul Virilio) は、フランスの思想家、都市計画家。ヴィリリオは本書で、ミサイルにより地理的距離が無に等しくなったことを捉えて、「スピードの暴力を欠いては兵器の暴力もそれほど恐ろしいものではないだろう」と主張するが、これに準えて著者はデジタルメディアという暴力が暴力の内面化をもたらすと主張している。

*13　(原注)Virilio, *Speed and Politics*, 153. (ポール・ヴィリリオ『速度と政治：地政学から時政学へ』市田良彦訳、平凡社ライブラリー、2001、p.196)

第1章　イントロダクション　　5

になっている。ヴィレム・フルッサー[*14]が述べているように、私たちは「死という偶然の必然を前にして、どのようなことがあろうとも、人間が自分の人生に意味を与えることを可能とする方法について考えること」を課せられているのである[*15]。ささやかな人間生活の時間性と、科学が提供する時間性とはどのように結びつけうるのだろうか。地質学的な歴史や気候変動の長い時間性や、想像を絶する宇宙の時間性とはどうだろうか。ウイルスやバクテリアの時間性とはどうだろうか。兵器や戦争の時間性、金融アルゴリズムの時間性、人工知能（AI）の時間性、これらはどうであろうか。私たちは時間性をどう理解すればよいのだろうか。こうした状況や条件のもとで、私たちはどのようにしたら意味のある善き生を送ることができるのだろうか。私たちはすべてのことを知りながら、より厳密に言えば、これらすべてのリスクや不確実性、未知のものごとに直面しながら、どのように生きていけばよいのだろうか。これは近代の初期からすでに存在した課題である。しかし、ソーシャルメディアという鏡やトレッドミルによって自分の有限性に直面する状況においては、意味を探すことはいっそうむずかしくなる。ソーシャルメディアは永遠のデジタルライフと若さを約束するように見えるが、同時に、自分たちがもう終わった存在であることを思い知らせてくれるものでもあるからである。健康アプリやその他のアプリが測定する私たちのすべてのデータについても同じことが言える。[自分たちが終わったことを知らせるという意味で]これはデータによる死である。しかし、忘れてはいけないことは、データやアルゴリズムが私自身よりも長く存在するということである。ギュンター・アンダース[*16]の言葉を借りれば[*17]、新しいタイプの「プロメテウスの恥辱」が生まれのである。私は死すべき存在であるが、私のデータは永遠に生き続けるのだ。これは私たち（少なくとも私たちの多く）が思い描いていたような不死ではない。またしても、私

---

*14 （訳注）ヴィレム・フルッサー（Vilém Flusser）は、チェコスロバキア出身の哲学者。写真等のメディアに関する哲学を展開した。

*15 （原注）Flusser, *Philosophy of Photography*, 82.（ヴィレム・フルッサー『写真の哲学のために』深川雅文訳、勁草書房、1999、p. 110）

たちは自らの創造物によって屈辱を味合わされることになる。そして、自分たちの有限性と死すべき運命を否応なく認めざるを得なくなるのだ。

これと同じ実存的な問いが、死と絶滅に直面する人類全体に対しても投げかけられる。科学技術の力を借りて、私たちに残された生存日数が計算されている。生存日数については人間の行動に責任の一端がある。世界規模での紛争が拡大する可能性は高い。地域紛争が新たな世界大戦へと発展する可能性もある。気候は変動しつつある。文明は消滅するであろう。人類には破滅が待っている。気候変動が私たちを打ち負かすのでないとしても、代わりに人工知能や生物兵器、あるいは不幸なことにまたもや核兵器といった技術が人類を絶滅させるであろう。しかし、私たちが何もしなくても、終焉はやってくる。科学は、人類が地球上で過ごせる時間は限られていると告げている。地球上でも宇宙でも、悲惨な出来事が起こるであろう。技術開発を急ぎ、汎用 AI を開発し、コンピューターに自分たちをアップロードし[18]、宇宙に拡散しないかぎり、私たちは最終的には太陽に飲み込まれ、人類はいずれ消滅する。トランスヒューマニスト[19]たちはこう主張する[20]。私たちはいったい何を待っているのだ。デジタル空間や宇宙空間に進出しないのなら、人類は太

---

[16] （訳注）ギュンター・アンダース（Günter Anders）は、ドイツの哲学者、ジャーナリスト、批判理論家。アンダースのいう「プロメテウスの恥辱」とは、自分が創った作品のもつ完璧な品質に対し、作者である自分が不正確で生物学的限界を持つことで感じる恥の感情や劣等感のこと。コンピューターの持つ計算能力に比べると人間の計算能力はゼロに等しいから、人間には責任能力がないと言ったりするときが一例である。私のデータが永遠に存続するのに対し、死を迎えざるをない存在である私は、劣っていると感じることもそれにあたる（ギュンター・アンダース『時代おくれの人間 上：第二次産業革命時代における人間の魂』青木隆嘉訳、法政大学出版局、2016）。

[17] （原注）Anders, *Über die Seele*.（『時代おくれの人間 上：第二次産業革命時代における人間の魂』青木隆嘉訳、法政大学出版局、2016）

[18] （原注）Kurzweil, *The Singularity is Near*.（レイ・カーツワイル『シンギュラリティは近い：人類が生命を超越するとき』エッセンス版、NHK 出版編 NHK 出版、2016）

第 1 章 イントロダクション　7

陽に降り積もった雪のように消え去ってしまうであろう、というのである。

　最後に挙げた長期的なリスクに関しては、厳密にハイデガー的な意味での、あるいはその他の実存主義哲学的な意味での不安にはつながらないのかもしれない。そのような未来はもはや私（現在私の近くにいる人たちも含めて）には関係がないからである。しかし、例えばデジタルソーシャルメディアを通じて、これらありとあらゆる実存的なリスクを思い起こさせることは、不安や恐れを孕んだ全般的な風潮を生むことになる。このような〔人間生活の時間とは〕異なる時間およびや時間スケールが私の人生の時間を支配するようになると、私の時間は惨事を前にした時間、つまり終焉を前にした時間となる。顔を白塗りしてベールを被り、緋色の赤いローブに身を包んだエクスティンクション・レベリオン[21]の人々が、気候変動に警告しようと、地球と地球上の存在との葬列のパフォーマンスをするとき[22]、「地球」の葬送だけが問われているのではなく、私たちの血も弔われていることに気がつく。地球の未亡人や寡夫たち（あるいは亡霊たち？）が未来から私たちを訪れてきて、人類の終焉を含め、終焉が近いことを告げているように思われるのである。デジタルテクノロジーとメディアは、トランスヒューマニストたちが言うポスト地球の未来を約束することにより、これらのことすべ

---

*19　(訳注)トランスヒューマニスト：新たな科学や技術を用いて、人間の様々な能力を増強し、生物学的な限界を超越する必要性を説く論者たちのこと。彼らのなかには、人間が病気をしないように、可能であれば、死なないようにしようとさえ考える人々もいる(本書40頁の脚注＊48も参照)。

*20　(原注)例えば、Tegmark, *Life 3.0*（マックス・テグマーク『LIFE 3.0：人工知能時代に人間であるということ』紀伊國屋書店、2017）を参照。

*21　(訳注)エクスティンクション・レベリオン（Extinction Rebellion：XR）は、イギリス発の環境保護団体。人間の生産活動による地球温暖化、生物の多様性の喪失、人類の絶滅と生態システム全体の崩壊の危険に対する有効な政策の欠如に抗議し、温暖化に対する政治的な決断を促すために非暴力の直接行動を用いる社会・政治的な市民運動。

*22　(原注)例えば、2019年にロンドンで開催された「エクスティンクション・レベリオン」の活動家たちの写真をご覧いただきたい（https://www.bbc.com/news/uk-49957521）。

てを否定するとともに、私たちの未来が危機に瀕していることを力強く、また紛れもなく示しているように思われる。だが、時すでに遅しである。事態はますます加速している。しかし、何かできることがまだあるはずである。少なくとも私たちがすぐさま行動すれば、である。その意味では、現在のシステムも、それに異を唱える人々も、同じスピードの世界帝国、つまり広く浸透している同じテクノクロニック体制の一部なのである。

【現在主義の陥穽】

　しかし、時間とデジタルテクノロジーに関する理論のほとんどで、デジタルテクノロジーは私たちの生活を加速させるだけでなく、私たちを現在に縛り付けていると述べられている。これらの理論は、現在主義（presentism）、あるいはポール・ヴィリリオが「現在化（presentification）」[23]と呼ぶものに対して警告を発している。私たちは目の前のことに集中することによって、過去や未来を見失う危険性があるというのである。マニュエル・カステル[24]は「時間を超越した時間（timeless time）」という言葉を用いて、ネットワーク社会においては、私たちは気がつくと「持続する同時性のなかに」いるのだと主張する[25]。時間は圧縮され、平坦なものになるのである。ナラティブ[26]の時間はない、つまり、物語（ないし歴史）はなく、即時性（immediacy）だけがある。こう言ってもよいだろう。人間の時間が技術的にかたちづくられたものであることを認めるベルナール・スティグレール[27]も、様々な技術は私たちの注意を現在に集中させるように設計されていると主張している[28]。

　このことは、私たちが存在をどう経験し、人生をどのように生きるかに影響を与える。ハイデガーは、「死へとかかわる存在」を直視しない場合には、私たちは非本来的[29]な生きかたをすると主張

---

*23　（原注）Virilio, *Politics of the Very Worst*, 81. Guerlac, *Thinking in Time.* も参照のこと。

*24　（訳注）マニュエル・カステル・オリバン（Manuel Castells Oliván）は、スペイン出身の社会学者。専門は情報社会学・都市社会学。

第1章　イントロダクション　9

した*30。死という未来の可能性に関わることで、私たちは現在に存在するということを克服することができるのである。彼によれば、現在に存在することは非本来的である。現在に焦点を当て、未

---

*25　（原注）Castells, *The Rise of the Network Society*, xli. デジタルメディアと現在に関するいくつかの研究の概要としては、例えば Coleman, "Experiencing 'the Now'" を参照［訳注：カステルはこの箇所で、「フルタイムで働き、学校に子どもを迎えに行き、買い物し、家事をこなすといったような、日常生活を成り立たせている複数の仕事を管理するために、私たちは高速交通機関、電話などの技術を利用している。こうして日常生活の必死のレースに身を投じることで、あらゆる場所に存在し、時間通りに行動しようとするのである。職場は時計ベースなのに対し、人々はフレックスタイム制を採用し、異なる時間帯を行き来することが多くなっているため、技術によって加速されたマルチタスクやマルチライフは、時間を超越した時間に到達しようとする傾向を象徴している」とし、このことを「連続性を否定し、永続的な同時性と同時遍在性に身を置く」ものだとする］。

*26　（訳注）「ナラティブ（narrative）」は〈物語／物語ること〉の意味。ここでは現在のみに集中し、過去から未来へとつながる物語 story ないし歴史 history がないという意味で、ナラティブの時間がないと言われる（ちなみに、story も history もラテン語 historia（さらに言えばギリシア語 historíā）という同一の語源を有する言葉）。

*27　（訳注）ベルナール・スティグレール（Bernard Stiegler, 1952-2020）は、技術と人間との関係を根源的に問う、ポスト構造主義以後のフランスの代表的哲学者。

*28　（原注）Stiegler, *Technics and Time III*（ベルナール・スティグレール『技術と時間 3』西兼志訳、法政大学出版局、2013）。批判的な議論としては Paris, "Time Constructs" を参照。

*29　（訳注）本来的／非本来的：『存在と時間』でハイデガーが用いた概念。ドイツ語の本来性 Eigentlichkeit に eigen（自己の、固有の）という意味が含まれる。私たち（「現存在」）はふだん、日常生活に埋没し、世間（平均的な「ひと」）にただ従って、ただ「現在」のうちで生きている。こうした自己自身を失った非本来的なありかたは、まだ来ない「死」を自分の身に確実に訪れるものとして先回りして受け入れることにより揺さぶられ、自己の将来の有限の可能性を見据えざるを得なくなる。こうして自らの最も固有な可能性、すなわち死の可能性から（時間的に言えば「未来」から）自らの存在を了解するとき、本来的な実存（「先駆的覚悟性」）が立ち現れるとされる。

*30　（原注）Heidegger, 234.（『存在と時間（三）』p. 145）

来、とくに自分自身の死の可能性を忘却させるという意味では、デジタルテクノロジーはこの非本来性に貢献しているように思われる。また、現在主義は、気候や地球の未来のことも忘却させてしまうと付け加えることもできるだろう。現在主義は文字通り、人類の歴史であれ、気候の歴史や地質学的な歴史であれ、長い歴史を考えるための時間を持たない。もし気候のための時間があるとすれば、それは危機、抗議、会議といったかたちでの「気候の現在」のための時間である。過去と未来という、より長い地質学的および気候学的なタイムスケールでの時間的地平に直接到達することはできない。そうした地平は、目まぐるしいデジタルの「今」の狂騒と懸念のなかでは、危機としての、カウントダウン時計としての、そして締切（deadline）としての「現在」において現れるしかないのだ。

この「今」こそが、注意を散逸させるものとなる。ヴァルター・ベンヤミン[31]が映画に関して述べていることは、ソーシャルメディアにも当てはまる。つまり、自分を脅かす危険に対処するために、私たちは自分を「ショック効果」にさらすのである[32]。私たちは、デジタルソーシャルメディアのうえで目を見張るようなニュースに身をさらしている。私たちはそこから距離を取り、注意を散逸させることで、リスクに対処しようとする。集中力と注意力を損なうことで知られるデジタルメディアは[33]、こうした距離化の手助けとなる。21世紀におけるベンヤミンの「遊歩者」[34]（フラヌール）[35]として、私たちはデジタルメディアやバーチャル環境が提供する時間に対して無頓着で無関心な態度に浸ることで、周囲の世界

---

*31　（訳注）ヴァルター・ベンヤミン（Walter Bendix Schoenflies Benjamin、1892-1940）は、ドイツの哲学者、思想家、文芸批評家。フランクフルト学派の1人に数えられる。『複製技術時代の芸術作品』（1936）で、写真や映画などの「複製技術」が導入されることによる「アウラの凋落」と世界を知覚・認識する枠組みの歴史的変化を論じたことでも知られる。

*32　（原注）Benjamin, *Illuminations*, 229.

*33　（原注）いくつかの議論については、例えば Lee, "Coexistence" を参照。

*34　（訳注）ベンヤミンの「遊歩者」（フラヌール）：19世紀のパリに出現した目的をもたずに街路を彷徨う人物像のこと。遺稿『パサージュ』で論じられる。

第1章　イントロダクション　11

から距離を取ろうとするのである。デジタルメディアやデジタルテクノロジーは、私たちを待ち受けている危険で生存を脅かす未来について考えないようにするために、時間を超越するように見える世界や、衝撃的で残酷な今へと私たちが逃避できるようにする。しかし、それは束の間の安心をもたらすにすぎない。死は確実に到来するものであり、完全な破壊は現実にある可能性である。さらに、グローバル化は、スピードの増大と相まって、傷つきやすさの増大ももたらす。私たちはハイパーコネクテッド*36な存在であるため、遠く離れた人々や出来事にも左右され、またそれらに対して傷つきやすくもある。コロナウイルスの大流行は、私たちがすでにどれほどグローバル化しているかを明らかにした。傷つきやすさは時間とスピードの問題である。感染するまでの時間、ワクチン開発のスピード、対策の適時性、これらを考えてみてほしい。私たちの身体は、グローバルなパンデミックの支配力や闘争、そして何よりも競争が繰り広げられる場となる。例えば特定のウイルス変異体と製薬産業のあいだの競争や、国民の行動と政府のあいだの競争がそれであろう。また、最良でかつ最速の先端技術の開発や、地政学的な支配力の獲得、戦争における地勢獲得をめぐる競争などもある。デジタルテクノロジーはこのような競争を支えているが、競争がAIなどのデジタルテクノロジーをめぐる競争であることも多い。各国は最高のAI、最速のAIを持とうとして競争を繰り広げる。こうしたスピードと加速をめぐる競争はさらに資本主義と新自由主義によって支えられている。気候変動がすでに既存のシステムを蝕んでいるのに対し、金融市場（高頻度取引を考えてほしい）や技術開発などでは依然としてスピード資本主義が支配的である。ロバート・ハッ

---

*35　(原注)ジュディ・ワイスマンとナイジェル・ドッドは、"フラヌール"が持つ時間や世界との興味深い関係を指摘している。彼は「高速で移動する世界から身を離すと同時に、その世界に没入する」のである。Wajcman and Dodd, *The Sociology of Speed*, 18.

*36　(訳注)ハイパーコネクティビティとは、デバイス、ソーシャルネットワークなど、様々なプラットフォームを介した、人々やモノの相互のつながりが急激に強まった状態のこと。

サン[37]は、社会的・技術的に創り出された「スピードの帝国」について語っている。彼は、コンピュータに基づく「リアルタイム」[38]など、技術に基づく時間の形態が、他の時間の形態を支配していると主張する[39]。

このような即時性についての主張には真実味がある。デジタルテクノロジーは、私たちをリアルタイム、言いかえればデジタルによるインタラクションの「今」に集中させているように思われる。実際には身体的なインタラクションが所期の効果をもたらすまでには待ち時間[40]やタイムラグ[41]があるにもかかわらず、私たちは自分の生活がこの「今」に依存しているかのようにして、デジタルテクノロジーとインタラクションしている。つまり、インタラクションはデジタルの「今」という、集約的（intense）で、ハングリーで、包括的な時間において起こっているのであって、私たちの身体や心がたまたま何を欲しているのかや、私たちの身体が空間のなかのどこに位置しているのかには関わりがないのだ。そしておそらく今日、私たちの生活はまさにデジタルの「今」に依存している。私たちはデジタル時間やデジタルテクノロジーを使って自分の傷つきやすさと懸命に闘っているが[42]、ソーシャルメディア[43]に没頭していると、私たちは自分の有限性を一時的に忘れてしまうかもしれないのだ。私たちは、地球の未来のことも忘却してしまう。私たちはデジタルテクノロジーによって処理され、注意を逸らされているので、いま没頭している集約的な現在や、私たちが演じるストレスに

---

*37　（訳注）ロバート・ハッサン（Robert Hassan）は、メルボルン大学教授。カルチュラル・スタディーズを専門とし、政治、メディア、政治経済、テクノロジー、時間性が交差する分野を研究。

*38　（訳注）「リアルタイム」：本当の「リアル」ではなく、コンピューターを基礎に構築された「リアルタイム」のこと。時計が、直線的で、測定可能で、予測可能な時間を私たちにイメージさせ、経済や社会を規定してきたことと類比的に語られている。

*39　（原注）Hassan, *Empires of Speed*, 3.

*40　（原注）Floridi, "Digital Time."

*41　（原注）Sebald, "Loading."

*42　（原注）Coeckelbergh, *Human Being @ Risk*.

第1章　イントロダクション　　13

満ちた（自己）現前化（＝（自己）提示）を超えたプロセスには目がいかないのである。私たちは時間と闘いながら生活し、時間と闘いながらソーシャルメディアに投稿している。私たちはまた、時間と闘いながら仕事している。資本主義の文脈では、年金の未来、生き物の未来、地球の未来よりも、目先の利益が優先される。デジタルテクノロジーとデジタルメディアは、こうした傾向をあと押ししているように思われる。データ工場は年中無休で稼働し、私たち全員がその労働者となってしまっている。デジタルの現在が支配しているのだ。この角度から見ると、現在とその盟友となっているデジタルテクノロジーには非常に大きな問題がある。これは、私たちの多く（99％？）が望む現在ではない。

【デジタルテクノロジーによる時間形成】

　しかし、これと反対のことを主張することもできる。すなわち、仏教やマインドフルネス*44に影響されて、現在や現在に存在することは良いという感覚もあると主張できるかもしれないのである。私たちは過去や未来にこだわることなく、現在に存在し、今この瞬間に立ち会うべきなのだが、デジタルテクノロジーは私たちを現在から引き離し、自分自身や他者に対して現在に存在することから遠ざけ、私たちを技術的にかたちづくられた過去や未来の犠牲者や囚人にしてしまう、ということもできるかもしれないのである。過剰に組織化されたデジタル・ライフのなかにあって、私たちは次に何が来るかを常に先読みしているのだが、同時に、私たちのソーシャ

---

*43　（訳注）「ソーシャルメディアを利用することで、私たちはあらゆる種類の詳細な個人情報を喜んで共有し、自ら進んで自分自身に関するデジタル調書を作成している」（『AIの政治哲学』p. 20）。「ソーシャルメディアのユーザーとして、私たちが無給の搾取される労働者となり、データを収集し分析するAIのために、最終的にはそのデータを利用する企業（そこにはたいてい第三者の企業も含まれる）のために、データを作成することになるというリスクがある」（『AIの倫理学』p. 83）。

*44　（訳注）マインドフルネスとは、「今この瞬間の体験に気づき、ありのままにそれを受け入れる方法」（大谷彰『マインドフルネス入門講義』金剛出版、2014）。

ルメディア上のプロフィールや、過去のデータに基づいて AI が作成した私たちのプロフィールなど、様々なしかたで過去に固定されている。AI は過去のデータに基づいて訓練され、その過去が現在と未来をかたちづくっているのだ。私たちにまだ未来があるのだろうか。私たちは未来に向かっているのだが、その未来は技術的に固定され、予測されている。そして、このことはアルゴリズムだけによるのではなく、人間も一端を担うのである。つまり、私たちは技術的に予測された通りに行動することで、そうした未来を創造し始めるのだ。ヘルガ・ノヴォトニー[*45]が警告しているように、私たちはアルゴリズムが予測した未来を生きはじめている。もしそれがただひとつ可能な未来だと信じるなら、私たちは「他の選択肢を閉ざしてしまう危険がある」[*46]。現在は未来に乗っ取られ、しかも開かれたものではないのだ。このように、私たちは本当の意味では現在にいるわけではない。私たちはマインドフルではなく[*47]、一所に留まってはおらず、注意を散逸させられ、AI によって作られた閉ざされた未来を生きている。この意味で、過去も未来も牢獄になる。その場合には現在に立ち戻ることこそが解放となるのである。

このような高度に圧縮された時間のなかで、あるいはこのように媒介された現在、ないしデジタルテクノロジーが作り出す・非・現・在・のなかで生きることは、疲れるし、精神的な負担になる。たえず不安にさらされ、時間的に囚われの身であることは、実存的な意味でもストレスとなる。とくに、デジタルテクノロジーのユーザーである私たちは、常に自分の有限性と無常さを思い知らされている。ソーシャルメディアのうえで、私たちは自分の有限性に不安を感じている。それは他人が死ぬことを知らされ、自分たちがどのように老い

[*45]　(訳注)ヘルガ・ノヴォトニー（Helga Nowotny）はチューリヒ工科大学名誉教授。欧州研究会議（以下、ERC）元会長。科学技術社会論に関する多数の著書がある。

[*46]　(原注)Nowotny, *In AI We Trust*, 35.

[*47]　(原注)デイヴィッド・クレプスとその仲間たちは、「IT マインドフルネス」と呼ぶものを主張する。Kreps, Rowe, and Muirhead, "Understanding," 6140.

第 1 章　イントロダクション　　15

ていき、死に近づいていくかが分かるという理由だけからではない。私たちはたえずデジタルのうえで死んでいくからである。私たちはまさに、自分自身をクリックし、スクロールしながら死へと向かっているのだ。ある瞬間にスクリーンに映し出されたものは、次の瞬間にはもうそこにはない。私たち自身のイメージも含めて、イメージは現れては消える。デジタル存在は、すべての存在と同じように、不安定で脆弱なのである。私たちはデータやデータフローに変換される。データは生まれては消えていく。人工物としてモノとしての特徴を持った工業技術は、まだ私たちに永続性の幻想を与えることができた。だが、デジタルは、常住不変なものなど何もないことを否応なく教えてくれる。データは非物質的なものである。データは存在するが、モノではない。データリソースやデータポイントとしての私たちも、モノではない。私たちは、スクリーンのうえの数字の短い明滅や、世界のタイムラインのうえの画像の突然でつかの間の立ち現れのように、無常で死すべき存在であるように思われる。これは受け入れがたいことである[*48]。とくに西洋人にとってはそうである。

　私たちは死や無常と闘っている。デジタルな生を継続し、デジタルのうえで死なないためには、私たちはたえず存在（現前）し続けなければならない。こうした意味で、デジタルソーシャルメディアは、この闘いを私たちに要求さえする。私たちは、実際にはその状況に存在（現前）していないのに、オンライン上ではたえず自分自身を現前（present）[*49]させ、また自分を演じ続けなければならない。デジタルのうえでパフォーマンスをするか死ぬかしなければならないのだ。投稿するか、滅びるか、このいずれかである。私たちはオンラインのうえで存在（現前）し、オンラインのうえに留まらなければならない。私たちは［他の人々と］インタラクションしなければならない。私たちはデータを作り出さなければならない。私

---

*48　（原注）仏教徒にとっては、無常や無我の問題は少ないと思われる。
*49　（訳注）ここで present という語が頻出するが、「現在」という意味、（目の前に）「存在する」という意味がもとであるが、存在するものとして示すという「提示」（現前化）という意味が重ねられている。

たちは自分自身と自分の存在（現前）を維持しようとして、自撮りしたりさえする。しかし、これらの努力は無駄である。私たちは現在に存在してはいないし、現在にしがみつくこともできない。現在のための時間など存在していないのだ。私たちと私たちの時間は、未来のための資源なのである。未来は計算されている。未来はアルゴリズムと、アルゴリズムを駆使して私たちを利用する人々によって作られている。そして、AIとデータサイエンスのおかげで、私たちは過去のデータに束縛され、先行予測の論理に固定されてしまう。技術に関する倫理や規制ですら、データが作られる状況や文脈、社会的状況、そして「他でもないこの人生を生きる偶然性」を見逃してしまいがちである[50]。AI倫理それ自身もアルゴリズムになるのである。すべてのものがあらかじめ予測されてしまっている。私たちは未来を望んでいるが、しかし未来は閉ざされてしまっているのだ。つまり、私たちのデータはすでに取得されてしまっている。私たちは分析され、モデル化され、プロファイリングされている。そして、私たちの未来は［こうしたデータに基づいて］捏造されている。私たちの人生は予測されて、不確実性は管理されている。そしておそらく、私たちは今まさに操作されているのだ。私たちはアルゴリズムが予測した通りのことを実行している。こうして私たちは現在に存在しているのではなく、過去に固定され、未来に対して閉ざされているのだ。私たちは現在を見失い、現前化の流れに迷い込んでいるのだから、本来的なありかたなどまったくしていない。もし自分がたえず死に続けているのならば、あるいはもし自分がデータ化され、モノにされ続けるのであれば、死の可能性について考えることなど不可能なのである。

【時間と技術を再考する】

　デジタルテクノロジーと時間に関するこのような主張が可能であり、またそもそも意味をもつのは、あらゆる技術と同様に、デジタルテクノロジーが単なる道具ではなく、意図しない効果をもたらす

＊50　（原注）Pink and Lanzeni, "Future Anthropology," 3.

第1章　イントロダクション　　17

からである。私たちが何を行うのか、私たちは何者なのか、そして私たちは何になりたいのかに対する意図しない効果をもたらすのである。デジタルテクノロジーは、私たちの経験や知覚、知識、他者との関係、そして社会や文化全体をかたちづくるものなのだ。マーシャル・マクルーハン[51]の有名な言葉にあるように、メディアはメッセージなのである[52]。例えば、デジタルテクノロジーやメディアには、私たちや私たちの傷つきやすさをよりいっそうグローバルなものにする効果がある。インターネットとそのメディアを通じて私たちは拡張され、地球は私たちの皮膚となる。技術とメディアは実存的な効果をもたらす。つまり、私たちの生活世界をかたちづくり、世界のなかでの私たちのありかたを決定するのだ。技術やメディアは他から区別された領域と見なされるべきではない。私たちの生活はそれらによってかたちづくられている。技術やメディアは私たちの世界の一部であり、また、私たちはそれらがかたちづくる世界の一部なのだ。アマンダ・ラーゲルクヴィスト[53]が述べているように、「スクリーンやデバイスは、意味や価値に対する必然的な探求を伴う私たちの存在の一部となっているのである」[54]。つまり、デジタルなものとの関係で実存的な問いを立てることができることのである。ハイデガーが『存在と時間』のなかで論じている「世界内存在」[55]や「被投性」も、今やデジタルなものなのだ[56]。ラゲルクヴィストは『実存的メディア』のなかで、今日、人間であることや死すべき存在であることが何を意味するかは、「技術文化

---

*51　(訳注)ハーバート・マーシャル・マクルーハン (英：Herbert Marshall McLuhan、1911-1980) は、カナダ出身の英文学者、文明批評家。印刷物からテレビ、コンピュータなど電子工学的媒体への移行と、それによる人間の感覚や社会への影響などを論じたメディア論は有名。著作に『メディアの理解』『グーテンベルクの銀河系』などがある。

*52　(原注)McLuhan, *Understanding Media*.（マーシャル・マクルーハン『メディア論：人間の拡張の諸相』栗原裕、河本仲聖訳、みすず書房、1987）

*53　(訳注)アマンダ・ラーゲルクヴィスト (Amanda Lagerkvist) はスウェーデン・ウプサラ大学メディア・コミュニケーション学の教授で、実存メディア学の創始者。

*54　(原注)Lagerkvist, "Digital Existence," 1.

に深く関わっている」と述べている[*57]。例えば、愛する人を失ったときの葛藤や[*58]、病気やパンデミックとの闘い、地球生態系の限界の経験は、今やデジタルテクノロジーによって媒介されている。しかし、技術やメディアの実存的な側面は、死や危機、変容の瞬間だけに関わるのではない。つまり、デジタルが約束しているように見え無限さや「限界のなさ」とは正反対の、私たちが限界や有限性を経験するような状況に限られるのではない。私たちの生活や存在全般は、少なくとも部分的にはデジタル化しているのだ。デジタル・メディアは、ジョン・ダーラム・ピーターズ[*59]が言うところの「存在のためのインフラストラクチャー、つまり私たちが行動し、存在するための生息地や素材」となっている[*60]。あるいは、私が『Human Being @ Risk』で提案した「傷つきやすさとリスク」という言葉に置き換えれば、デジタルテクノロジーに関わることは、今やリスクにさらされることであり、「傷つきやすいありかたをする」ことなのだ[*61]。常に傷つきやすく、不確かであるという私たちの実存の条件が全体としてデジタルテクノロジーによって著

---

*55　（訳注）世界内存在は、現存在（＝人間）のありかたを特徴づけたもの。近代哲学で言われるように、孤立した人間主体が外的な対象と向きあうというのではなく、現存在がつねにすでに世界の内に棲み入っていざるをないというありかたを言う。

　　　被投性とは、人間がすでに事実として世界のうちに投げ出されていること。この制約に対して常に自己にふさわしい可能性に向って超え出ようとすることが企投と呼ばれる。

*56　（原注）Lagerkvist, "Existential Media."

*57　（原注）Lagerkvist, "Existential Media," 1.

*58　（原注）ラーゲルクヴィストは『実存的メディア（Existential Media）』の中で、このような「デジタル限界状況」について論じている。例えば、その第5章では、悲嘆に暮れる人々が、デジタル記念サイトの「いいね！」に慰めを求めるとき、数値化の倫理とどのように関係しているかについて述べている。

*59　（訳注）ジョン・ダラム・ピーターズ（John Durham Peters、1958-）は、メディア史研究者、社会理論家でイェール大学で英文学、映画・メディア研究を講じる。

*60　（原注）Peters, The Marvelous Clouds, 15.

*61　（原注）Coeckelbergh, Human Being @ Risk.

しく変化してきている。そして、今論じているテーマにとって重要なことは、デジタルテクノロジーが時間性をかたちづくっているということである。デジタルテクノロジーは私たちの時間との関係をかたちづくるのであり、より強く言うならば、私たちの時間や人生の時間をかたちづくるのである。

　すでによく知られているように、時計やコンピューターは、時間の告知や計算に役立つ中立的な道具であるばかりではなく、人間の経験や文化をかたちづくっている。私たちがスピード感や加速感を感じるとすれば、それは多分に技術のおかげでもある。デイヴィッド・ボルター[*62]が『チューリング・マン』のなかで述べているように、「時間に対する文化の態度と、時間を計測する技術の間には密接なつながりがある」のだ[*63]。ボルターや例えばルイス・マンフォード[*64][*65]のような人たちは、コンピュータやそれ以前には機械式時計や時間の数学化が、すでに時間や進歩をどう考えるかに影響を及ぼしていて、人間の経験や人間の生活世界と複雑な関係を持っていることを示した。時間はますます抽象的になり、——少なくともボルターや、フッサールやハイデガーから今日に至る現象学の伝統に連なる多くの哲学者によれば——生活世界や生物学や自然のサイクルからも切り離された。生命は速くなり、否あまりにも速くなったのだ。時間は商品となった。無限の進歩という考えが生ま

[*62]　（訳注）デイヴィッド・ボルター（Jay David Bolter）は、ジョージア工科大学文学部ニューメディア学科教授。研究分野は、メディアの進化、教育における技術の利用、執筆過程におけるコンピューターの役割など。本書の他、『ライティングスペース：電子テキスト時代のエクリチュール』などの邦訳もある。

[*63]　（原注）Bolter, *Turing's Man*.（J. デイヴィッド・ボルター『チューリング・マン』土屋俊、山口人生訳、みすず書房、1995）

[*64]　（訳注）ルイス・マンフォード（1895-1990）は、アメリカの歴史家、建築評論家、社会学者、技術哲学者、文芸評論家。社会哲学、アメリカ文学・文化史、技術史に多大な貢献をし、邦訳も多い。

[*65]　（原注）マンフォードは、西洋の修道院では、秩序と規律を守るために時計が発明されたと論じている。Mumford, *Technics and Civilization*, 13.（ルイス・マンフォード『技術と文明』生田勉訳、美術出版社、1972、p. 26-27）

れ、それにともなって人間の完成化という考えも生まれた[*66]。そこで課題となるのは、時間を生命や生活世界と再び結びつけることである。

しかし、生活世界と技術とを概念的に切り離すこのような古典的な現象学的技術哲学の伝統を超えて、ポスト現象学のような現代の技術哲学により沿った言いかたをするならば、時間は生活世界の一部であり続けるが、生活世界も時間も技術やメディアを通じて、私たちの経験を特定なかたちでかたちづくるよう変容されているのだと主張することもできるかもしれない。そうした変容のひとつとして、自然のサイクルから疎外されていることの経験があるかもしれない。しかし、他にも様々な変容の可能性がある。さらに、ひとつの時間について語るのではなく、様々に異なる時間や時間性について語る方が、より適切であるように思われる。例えば、クロックタイム（時計の時間）とともに、太陽の時間や季節の時間もある。また、様々な文化的な違いもある。本書の後半で強調するように、文化が異なれば時間性も異なる。時間との異なる関わりかたがあるのだ。

今日、ありとあらゆる種類のデジタルテクノロジーが私たちの時間性をかたちづくり、そして最終的には私たちの存在をかたちづくっている。例えば、ジュディ・ワイスマン[*67]は、［印刷されたカレンダーから移行した］デジタルカレンダーが、シリコンバレーにみられる最適化のイデオロギーと結びついて、クロックタイムをさらに促進していると論じている[*68]。そして最近、私は、ナラティブに媒介された AI が、私たちの過去、現在、未来を特定の方法で結びつけることによって、私たちの時間と生活世界をかたちづくっていると論じている[*69]。デジタルテクノロジーは、特定の社会的・

---

*66　（原注）Bolter, *Turing's Man*, 123.

*67　（訳注）ジュディ・ワイスマン（Judy Wajcman）はロンドン・スクール・オブ・エコノミクスの社会学の教授。労働社会学、科学技術研究、ジェンダー論、組織分析が専門。

*68　（原注）Wajcman, "Digital Architecture."

*69　（原注）Coeckelbergh, "Time Machines."

第1章　イントロダクション　21

文化的文脈とのインタラクションのなかで、私たちの生きかたや、気候変動や人類の未来についての考えかたに影響を与えている[70]。より一般的に言うならば、AIとデジタルテクノロジーは、私たちが今日どのように存在し、どのように時を刻み、またどのように時を刻まれているかをかたちづくっているのである。

【本書の構成】

本書は、こうしたことの意味をさらに解きほぐし、概念的に捉えようとするものである。つまり、デジタルテクノロジーが時間や存在に対する私たちの関係をかたちづくるということはいったい何を意味するのか、また、気候変動やAIのような新たな技術的可能性の時代に存在することにとってこの関係は何を意味するのか、といったことである。本書では、デジタルテクノロジーやメディアが、時間や存在との特定の関わりかたをどのように可能にし、また支えているのかを理解する手助けとなる概念をいくつか提示する。デジタルメディアによって生み出される時間性の分析をすでに開始している様々な文献に取組みながら、本書はこの通常は意図されない影響関係を明らかにするための独自の概念的言語を作り出し、とくに、この影響関係がプロセス、ナラティブ、パフォーマンスの観点から理解することができると主張する。時間と技術に関する古典的な現象学からの問いかけへの応答として、本書は時間、技術、人間に対する、より非二元論的で、より関係的なアプローチを提案する。それは、ボルターや他の多くの人々が行ったように、時間のテクノロジーを生活世界に対立させるのではなく、これらの技術が生活世界を、ひいては私たちの自己と存在をどのようにかたちづくるのかを理解しようとするものである。この目的のために、本書は以

---

*70　(原注)マンフォードは、技術は特定の文化的文脈の中でしかその影響力を発揮できないと主張した。彼は、「技術の世界は孤立した自己完結的なものではなく、環境の見かけ上離れた部分からやってくる力や衝動に反応するものである」と述べている。Mumford, *Technics and Civilization*, 6. 本書では、プロセス哲学、物語理論、そしてパフォーマンスの概念を用いて、この主張を先鋭化させている。

下のような概念的な構成要素をまとめている。第一に、プロセス哲学を用いることにより、今日、技術と時間について過度に決定論的な考えをしている考えかたから脱却する道を示し[*71]、デジタルテクノロジーとデジタルな自己について、モノとしてではなく、プロセスと生成として考える道を切り開く。第二に、ナラティブ理論を用いることにより、技術を時間的な文脈だけではなく、社会的・文化的な文脈にも位置づけるようにして、デジタル的存在の構造を概念化するのに役立てる。そして第三に、パフォーマンスの概念を用いることにより、人間が果たす役割と、私たちとデジタルテクノロジーとの（共＝）実存[*72]が具える社会的かつ身体的・運動的な特徴とを強調する。これらの構成要素は、今日私たちがどのようにしてデジタルテクノロジーやメディアと共に存在し、またどのように時間と関わっているかを理解するうえでの手助けになりうる、統合的な枠組みを提示している。

　しかし、本書は理解のための試みに尽きるものではなく、何がなされるべきかについて問いを投げかけるものでもある。哲学者が規範的問いと呼ぶものを問うているのだ。本書はプロセス思考に基づいて、責任と存在について問いかける。デジタルテクノロジーの倫理的な面だけではなく、社会的、政治的な面も指摘する。技術に媒介された存在をどのようにかたちづくるべきなのか、とりわけどのように時間と関わるべきなのかを問うことになる。現在みられるデジタルテクノロジーを通した時間との関わりかたは、はたして善いやりかたなのだろうか。本書は、善き生に関する古代の問いに対応して、善き時間について問う。善き時間とは何なのだろうか。デジタルテクノロジーを前提にするならば、時間に対する倫理的に善い関わりかたを見つけるにはどうすればよいのだろうか。デジタルメディアは、過去を甦らせるという意味で、再＝現前（re-present＝

---

*71　（原注）例えば、カステル、ヴィリリオ、その他の加速を主張する哲学者たちに見られる技術決定論的傾向に対してのジュディ・ワイスマンの批判を参照。Wajcman, *Digital Architecture*, 317.

*72　（訳注）co-existence は通常「共存」と訳されるが、以下、術語的に用いられるときは「共＝実存」の訳語を当てた。

第1章　イントロダクション　23

表象）すべきなのだろうか。それともそれは私たちが必要とする現在とは違うのではないだろうか。時間との善き関わりかたとはいったい何だろうか。私たちはスローダウンすべきなのだろうか。私たちは時間に対してまったく異なる関係を見出すべきなのだろうか。このことは集団レベルでは何を意味するのだろうか。本書の最後では、デジタルテクノロジーを通して時間と関わることの政治性と力［権力］についての考察がなされる。本書は、ローカルなレベルでもグローバルなレベルでも、私たちはどのようにしたら善き共＝実存のための道を見出すことができるのか、そして見出そうと試みるときには政治的にどのような課題があるのかを問うことになる。現在、誰が、そして何が、私たちの時間（との関係）をかたちづくる力を持っているのだろうか。技術と私たちのプロセス、ナラティブ、パフォーマンスを（共同で）かたちづくるのは誰なのだろうか。誰がその力を持つべきなのだろうか。私たちは、テクノ資本主義やテクノ植民地主義が規定する方法とは異なる方法で同時性を持つ（synchronize）ことができるのだろうか。気候変動やパンデミックといった現在のグローバルな課題に照らしても、私たちはデジタルテクノロジーのもとで、共通の善き時間を見つけだし、創造し、想像し、持つことができるのだろうか。私が「人間的年代」と呼ぶもののなかで（善く）共＝実存するとはいったいどういうことなのだろうか。そして、共通時間と共＝実存に関して、私たちは他の文化から何を学ぶことができるのだろうか。

第 2 章

プロセス、ナラティブ、パフォーマンス

デジタルテクノロジーは時間性と実存を
どのようにかたちづくるのか

概要　私たちは世界をモノの集まりと見なしがちだが、この章では、プロセス哲学（特にベルクソン）に依拠しつつ、世界や自己をプロセスと生成の観点から考えるよう提案したい。この提案に従えば、主体も客体もプロセスから創発する。〈私たちの何であるか〉、また〈私たちの何になるか〉にデジタルテクノロジーが及ぼす影響もこのプロセスの問題である。私たちはこの存在生成のプロセスに参加するのだが、幸いなことに私たちは独りぼっちではない。私たちのデジタルな実存と自己とは、社会的であり関係的である。例えば、それらはナラティブ[*1]の構造を持つ。リクールが論じたところによれば、物語行為は、様々な登場人物や出来事をひとつの有意味な全体へと組み入れることによって、私たちの意味形成の助けとなる。デジタルテクノロジーは、私たちのナラティブの共著者として、物語行為と意味形成のこうしたプロセスを支援し、これをかたちづくる。また、技術と人間とが私たちの時間と実存をかたちづくる仕方をプロセスとナラティブに即して見るこのような捉え方が、パフォーマンスという概念の助けを借りてさらに展開できることを示そう。私たちはただ受動的なのではない。こうしたプロセスやナラティブは私たちのパフォーマンスであり、そして時間もまたパフ

---

*1　（訳注）「ナラティブ（narrative）」は〈物語〉を意味する言葉。story と区別なく用いられるのが普通であるが、「ナラティブ」には物語る行為（物語行為 narration）の意味合いもあり、ニュアンスが絶妙に異なる。本章では narrative はそのまま「ナラティブ」とし、story は「物語」と訳出する。本書10頁の脚注*26も参照。

ォーマンスなのである。本章は、時間のテクノパフォーマンスという概念を提出することによって次を示す。時間のなかを動き、時間のパフォーマンスを行う[*2]ことによって、人間は能動的で、社会的で、運動的＝身体的な役割を演じており、なるほどそれを完全にコントロールすることはできないにしても、創出される意味に対しては依然として責任がある。デジタルテクノロジーは、こうした時間のパフォーマンスや意味形成のなかで重要な役割を果たしている。ここにはまた政治的な次元がある。私たちは自分たちのパフォーマンスを通じて権力を行使するのである。さらにそこには、複数の時間性がある。

> **キーワード**：プロセス哲学、ベルクソン、ナラティブ、意味、リクール、パフォーマンス、時間のテクノパフォーマンス

　私たちは世界をモノの集まりと考えがちである。例えば技術をモノと見なす。自分たちでつくったモノ、つまり人工物（人のつくったモノ）である。データもモノのように思われている。自己を一種のモノと見なすことも多い。「私」という、安定していて、はっきりとした輪郭を持つモノである。時間そのものでさえ現在の瞬間の連続と見なされる。瞬間というある種のモノ（点）がタイムライン上に配置されているありさまがイメージされているのである。デジタルテクノロジーやメディアが時間性と実存をかたちづくっているありさまを概念化しようとすると、私たちはモノがモノをかたちづくっている様子を自然とイメージしてしまう。技術が客体として主観的な時間にどう関係するか、そうした客体が「自己」と呼ばれるモノ、すなわち「主観」[*3]というモノをどうかたちづくっているのか、そんなふうに考えてしまうのである。例えば私たちが「メディアは私たちを急きたて、科学は私たちの人生が限られたものであるということを思い出させてくれる」といった主張をすると、メディアや科学がデッドライン（その先にあるのは本物の死だということ

＊2　（訳注）本書57頁の脚注＊89を参照。

も多い）によって区切られたタイムラインをつきつけるかのように
イメージする。そしてこの客体的な時間が、主観的な経験、感情、
想像を引き起こすのだと考える。私たちはまた「心」と呼ばれるモ
ノが客体的な時間の影響をこうむるところを想像し、「私」や「自
己」と呼ばれるモノが消滅するのを想像する。あるいは自分の死を
恐れ、文明の消失を恐れる。ハンマーが釘を打つのと同じように技
術は私たちをかたちづくる、そんなふうに想像する。客体には客
体、モノにはモノ。出来事がまるで玉突き式に成り立っているかの
ようなヒューム的な世界像である[*4][*5]。デジタルテクノロジーは
私たちをデータの集まりにしてしまう。私はモノの集まりになって
しまう。だが、技術のそういう影響が云々される以前に、私はすで
に一個のモノ、データの集まりとは違うがそれでも一個のモノでは
なかったか。ある固定したモノ、本質、自己であり、安定し、透明
な、はっきりとした輪郭を持つ、対象としての私である。気候変動
に関係する出来事でさえモノとしてイメージされる。つまり、私た
ちを脅かすモノ、例えば洪水や嵐といったモノである。

　現代の技術哲学は、人工物つまりモノがすることに議論を集中し
ているかぎりで、私たち自身と技術に関する上述の通俗的な考えを
反映している[*6]。例えばドン・アイディやピーター゠ポール・フ
ェルベークらのポスト現象学[*7]では、「私」と世界のあいだに様々

＊3　（訳注）本章では原文の "subject" に「主観」もしくは「主体」、"object"
　　に「客観」もしくは「客体」と、それぞれに対して文脈に応じて二つの訳
　　語を当てているが、特に区別を強調するものではない。日本語では、認識
　　の subject である場合には「主観」（認識の object である場合には「客
　　観」）、行為の subject である場合には「主体」（その object である場合に
　　は「客体」）と訳すことが多い。

＊4　（原注）すでに第二次大戦中、また戦後には、エリザベス・アンスコムを
　　はじめとする女性哲学者たちがこのような世界の見方に反対していた。
　　Libscomb, *The Women Are Up to Something* や、また特に Anscomb, "Modern
　　Moral Philosophy"（アンスコム「現代道徳哲学」『現代倫理学基本論文集
　　Ⅲ 規範倫理学篇 2』古田徹也監訳、勁草書房、2021所収）を参照。

＊5　（訳注）デイヴィッド・ヒューム（David Hume, 1711-1776）が、原因と結
　　果の関係について議論を展開する際に、ビリヤードボールが別のビリヤー
　　ドボールに衝突するという例をしばしば用いているのを指している。

第 2 章　プロセス、ナラティブ、パフォーマンス　　27

なモノがあると見なされている。グレアム・ハーマン[*8]のオブジェクト指向存在論[*9]は、対象の自律性を概念化しようとする試みであり、技術に応用されることもあるが、オブジェクトの、つまりはモノの形而上学である。ジル・ドゥルーズやフェリックス・ガタリ[*10][*11]によって導入された「アレンジメント」[*12]という術語は、科学技術研究とその関連分野[*13]で人気だが、技術がモノと人（それ自身も当のアレンジメントの部分として理解される）からなる集合

---

* 6　（原注）技術の哲学における経験主義的転回はモノへの転回であった。例えばフェルベークの *What Things Do* を参照。

* 7　（訳注）ポスト現象学（post-phenomenology）は、技術の哲学におけるひとつの立場。現象学に着想を得つつ、技術と人間との相互作用（インタラクション）的関係に焦点を当て、技術が世界に対する私たちの見方や行為を媒介する（可能にする）ありさまを分析する。ドン・アイディ（Don Ihde, 1934-2024）によって提唱され、ピーター゠ポール・フェルベーク（Peter-Paul Verbeek）らによって展開されている。

* 8　（訳注）グレアム・ハーマン（Graham Harman）はアメリカの哲学者。いわゆる「思弁的実在論」の担い手として独自の形而上学を展開している。

* 9　（原注）Harman, Graham. *Object-Oriented Ontology: A New Theory of Everything.*

*10　（原注）Deleuze and Guattari, *Mille Plateaux*.（ドゥルーズ／ガタリ『千のプラトー（上・中・下）』宇野邦一ほか訳、河出書房新社、2010）

*11　（訳注）ジル・ドゥルーズ（Gilles Deleuze, 1925-1995）、フェリックス・ガタリ（Félix Guattari, 1930-1992）はともにフランス現代思想を代表する哲学者。『千のプラトー』のほか『アンチ・オイディプス』（河出書房新社、2006）など共著が多数。

*12　（訳注）「アレンジメント」と訳した語は assemblage だが、これはドゥルーズの用語としては仏語「agencement」（「配置、組み立て、構成」の意）の英訳である。『千のプラトー』の邦訳では agencement に対する訳語として「アレンジメント」が用いられているので、ここではこれに従う。「複数の要素が組み合わさって（agencer）、一定のまとまりをもったエージェント（agent）として作動するさまを指示するために使われている」（國分功一郎『ドゥルーズの哲学原理』岩波書店、2013年、p. 215）という。

*13　（原注）例えば、ドナルド・マッケンジーはこの用語を自身の市場の物質的社会学において用いている。例えば Mackenzie, "Capital's Geodesic" を参照。

体であり多様体である、そんなイメージを私たちに押しつける。技術やメディア、そして人間をめぐってなされている現代の思索の多くは、モノが他のモノに対してすることばかりを考えているように思われるのである。

しかし、世界への関係、技術への関係、そして私たち自身への関係を何もこのように考えなければならないわけではない。実際に起こっていること、私たちが経験していること、意味や実存に対して、異なったパースペクティブを与えてくれるような考え方もある。以下では、プロセス、ナラティブ、パフォーマンスといった概念を用いてこれを説明してみようと思う。

プロセス

【プロセス哲学の考え方】

哲学の伝統のなかには、世界はモノや実体の集まりではなく、ひとつのプロセスもしくは複数のプロセスだという考え方がある。その考え方に従えば、私たちが何「である」かという問題は、私たちが何になるかという問題である。技術はこのプロセスをかたちづくるものであり、このプロセスの部分なのだとつけくわえることもできよう。もっと言えば、技術はプロセスそのものである。技術もまた生成するのだ。

説明しよう。

自己についての見解としては、プロセス思考はある程度は実存主義、例えばサルトルの著作のうちに見出される。サルトルは[14]、ペーパーナイフやカリフラワーといったモノとは違って私たちは一個の本質ではないのだと論じた。「実存は本質に先立つ」[15][16]のである。そうすると自己とは一個のプロジェクトであり、このプロジ

---

[14] (訳注) ジャン＝ポール・サルトル (Jean-Paul Sartre, 1905-1980) は、フランスの哲学者・文学者。講演「実存主義はヒューマニズムである」における「実存は本質に先立つ」「人間は自由の刑に処せられている」等の言葉はしばしば引用されて、実存主義の哲学を特徴づけるのに用いられる。

ェクトは一種の生成と解釈されよう。ドイツ観念論、プラグマティズム、現象学のうちにもプロセス思考の要素がいくらかはある。だが、少なくとも西洋近代哲学において最もラディカルな仕方でこれを練り上げているのはプロセス哲学である。プロセス哲学によれば、「すべて」がプロセスである（この「すべて」を明確に述べようとする場合、モノ思考から自由に考えることは難しい。私たちは世界をモノの観点から考えることに慣れてしまっているし、モノ思考は私たちの日常言語の部分なのだから）。人間がモノでないというばかりでなく、モノもまたモノではない。古代ギリシャの哲学者ヘラクレイトス[17]は「万物は流れる」という思想で知られるが、その謦みに倣って、アンリ・ベルクソン[18][19]やアルフレッド・ノース・ホワイトヘッド[20][21]といったプロセス哲学者たちは、人間の実存だけでなく、私たちが「モノ」と呼ぶものも含めてすべてを

---

[15] （原注）Sartre, *Existentialism is a Humanism*, 22.（サルトル「実存主義はヒューマニズムである」『実存主義とは何か』伊吹武彦ほか訳、人文書院、1996所収、p. 31）

[16] （訳注）あらかじめ定められた本質があり、その本質を実現するものとして存在するのではなく、むしろまず端的に事実として存在（実存）してしまっているという人間のあり方を述べたサルトルの言葉。

[17] （訳注）ヘラクレイトス（Heraclitus）は紀元前6世紀から紀元前5世紀頃に活動した古代ギリシャの哲学者。

[18] （原注）Bergson, *Creative Evolution*.（ベルクソン『創造的進化』合田正人・松井久訳、筑摩書房、2010）

[19] （訳注）アンリ・ベルクソン（Henri-Louis Bergson, 1859-1941）はフランスの哲学者。時間の（しばしば空間的・モノ的に理解された）通俗的・科学的な概念に対して「純粋持続」を対置し、生の創造的な側面を強調する独自の哲学を展開した。

[20] （原注）Whitehead, *Process and Reality*.（ホワイトヘッド『ホワイトヘッド著作集 第10巻 過程と実在（上）』1984；『ホワイトヘッド著作集 第11巻 過程と実在（下）』1985、山本誠作訳、松籟社）

[21] （訳注）アルフレッド・ノース・ホワイトヘッド（Alfred North Whitehead, 1861-1947）はイギリスの哲学者。バートランド・ラッセルと共同執筆した『プリンキピア・マテマティカ』は現代論理学の出発点のひとつとなった。自身は『過程と実在』などで独自の形而上学を展開し、プロセス哲学の第一人者と見なされる。

生成のプロセスという観点から見ようとした。ホワイトヘッドは「現実世界はプロセス」であると言い、そのプロセスは「現実的な存在者の生成」あるいは「生起」[22]であると言う。実在はモノとしてではなく、プロセスとして考えられねばならない。人間とその自己もまた生成する。私たちはプロセスにおいてつくられ、モノをプロセスにおいてつくる。自己は流れる——ヘラクレイトスの川のように[23]。

　プロセス哲学者は、近代の思考において一般に想定され、思考の習わしとなっている客観的なものと主観的なものとの分断を批判する。主観的な経験は、他からわけへだてられたものでも、バーチャルなものでもなく、リアル（実在的）なものであり、様々なモノをそのモノたらしめるものである。主観と客観とはプロセスのなかで連続的に創造され、また連続的に共＝創発する[24]。この見解は、技術とメディアに対する私たちの関係に応用することができる。すなわち、技術も人間の経験も、技術の使用というプロセスのなかで共＝創発するのである。また、科学と認識論に応用することもできる。近代の思考は世界のリアリティを意識のバーチャリティに対立させるが、プロセス哲学者によれば、私たちは主観的な経験を伴わずにはリアルなもの（これをベルクソンが「持続」と呼ぶものと解するなら）を理解することさえできないのだ。ベルクソンは「私た

---

[22]　（原注）Whitehead, *Process and Reality*, 22.（邦訳 p. 31）

[23]　（訳注）川は流れそのものであり、流れのうちにとどまるものはないので、そこには固定したものが持ちうるような同一性が成り立たない。ヘラクレイトスは万物のあり方をこうした川のあり方に喩えている。このことを念頭に置いて、生成のプロセスを「ヘラクレイトスの川」と言っているのである。

[24]　（訳注）「創発（emergence）」は、要素の組み合わせ・集合・組織・全体、あるいはそれらを形づくるプロセスから、当該の要素からは予測できない性質が出現すること。ここで「共＝創発」となっているのは、複数のもの（文中では「技術」と「人間の経験」）が、ともに／一緒にひとつのプロセス（「技術の使用」）から創発するということを表している。以下、同様の意味で「共＝（co-）」とつく用語が頻出する。「ともに……する」と訳した部分もある。

ちは意識を挿入することなしには持続する実在について語ることができない」*25と書いている。「以前」と「以後」について語る時点で私たちはすでに意識を挿入してしまっている。リアルなものは意識を含むのである。デイヴィッド・クレプス*26らは、プロセス哲学の世界観をこう要約している。「宇宙は自分自身を、自らのおもむくままに、しかし意識を通してつくりあげていくのだ」*27。「主観的／客観的」の分断を修復するのにも「生成」という語が有効である。私たちとモノのいずれもが生成するのである。プロセス哲学者たちはまた、客観的な時間と主観的な時間のあいだの区別にも疑問符をつける。私たちは時間のなかで、また時間によってつくられる。つまり私たちは生成する。それゆえ、客観的な時間と主観的な時間を区別すること、時間そのものと私たちにとっての時間を対立させることは意味をなさない。時間は非二元論的に理解される必要がある。時間は持続であり、生成なのである。

　概してプロセス哲学は技術とメディアの哲学にさして影響を与えなかったが、フランスでは事情が異なる。ジルベール・シモンドン*28とベルナール・スティグレール*29らがここでの重要人物である。ジル・ドゥルーズやブルーノ・ラトゥールの名を挙げることもできよう。彼らはそれぞれにプロセスへと、すなわち〈あるものが何であるのか〉ではなく、〈モノがどのように存在するようになるのか〉へと関心を向けた。例えばシモンドンは、「個体化」という概念を用いて、心理的な要素と技術的な要素の（存在論ではなく）個体発生*30を概念化しようとしている。『技術対象の存在様式につ

---

*25　（原注）Bergson, *Duration and Simultaneity*, 48.（ベルクソン「持続と同時性」鈴木力衛・仲沢紀雄・花田圭介・加藤精司訳『ベルクソン全集3　笑い／持続と同時性』白水社、2007所収、p. 204）

*26　（訳注）デイヴィッド・クレプス（David Kreps）はイギリス、アイルランドで活動する技術哲学の研究者。

*27　（原注）Kreps, Rowe and Muirhead, "Understanding Digital Events," 6141.

*28　（訳注）ジルベール・シモンドン（Gilbert Simondon, 1924–1989）はフランスの哲学者。個体化の概念を鍵とするその哲学は、現代フランスの哲学者たちに大きな影響を与えた。

*29　（訳注）本書10頁の脚注*27を参照。

いて』という著作のなかで、彼は「文化への技術のリアリティの統合」*31を概念的に説明するために、技術対象の発生と具体化について論じている。プロセス、進化、発生、具体化という点から見れば、技術もまた文化をかたちづくる。人間の実践のレベルで生じていることに目を向けるやいなや、主観／客観の二元論は霧消する。人間も技術対象も生の表現なのである*32。言い換えれば、シモンドンの技術の哲学は生成の哲学であって、そこには技術に対する私たちの関係を非二元論的に捉える見方がある。ハイデガーやシモンドンの影響を受けつつ、この個体発生的でプロセス的なアプローチに共感したスティグレールは、新しい政治的プロセスを創造しようとしたのだった。とはいえ、彼が本当に主観／客観の分裂を乗り越えられたかどうかについては疑問の余地がある。彼は、人間の内在性と技術の外在性の共＝構成、人間と技術の共＝進化を想定したが、プロセス哲学の非二元論的な展望を与えてくれるまでにはいたっていない*33。

【プロセス哲学をデジタルテクノロジーの哲学に応用する】

　デジタルテクノロジーやデジタルな実存を考えるにあたって、プロセス哲学が示唆しているのは、デジタルテクノロジーが私たちにすることを、客体が主体に対してすることのように考えてはならないということである。むしろ主体も客体も、デジタルプロセスとデジタルな出来事のなかでつくられ、創発するのである。デジタルプ

---

*30　（訳注）「個体発生」と訳した語は ontogenesis。もともとは生物学の分野で、種の「系統発生（phylogenesis）」と対義的に用いられる語である。本章ではしばしばこの語が用いられるが、「存在論（ontology）」の固定性に対する生成的性格を強調するために用いられている。シモンドンに明示的な言及があるわけではなく、個体を特に強調する必要のない場合には、原語の意味を活かして「存在生成」と訳す（「onto-」は存在を、「genesis」は生成を意味する）。

*31　（原注）Simondon, *On the Mode of Existence of Technical Objects*, 176.

*32　（原注）Schick, "The Potency of Open Objects."

*33　（原注）より踏み込んだ議論については Rambo, "Technics Before Time." を参照。

ロセスもデジタルな出来事も意味を生み出すプロセス（すなわち意味の形成、意味の生成）であり、実存的な重要性を持つ。この興味深い非二元論的見解にしたがえば、技術的＝実存的なプロセスおよび出来事は、自然であると同時に文化でもあり、客体であると同時に主体でもあり、個人的なものであると同時に個人的なもの以上でもあり、科学的でありかつ実存的でもあり、意識的でもあり非意識的でもある。クレプスはデジタルな出来事を「ある期間によってはっきりと限定された具体的な切片」として定義し、そこには「すべての生理的＝化学的なプロセスと個人的で主観的な経験とが含まれる」[34]と言う。技術も、そのユーザーである人間も、こうしたデジタルプロセスとデジタルな出来事のなかで生成するのだと言うことができるだろう。最初に主体と客体があって、それらがインタラクションしたり影響しあったりする（ひょっとしたら共＝構成しさえする[35]）のではない[36]。デジタルテクノロジーに関わり、インタラクションすることは、ユーザーである人間がそれとして生成するもの［主体］や、技術がそれとして生成するもの［客体］が、当のプロセスから創発する、そういう実存的でダイナミックなプロセスなのである。主体も客体もデジタルテクノロジーのプロセスのなかで創造され、創発する。インタラクションのプロセス、つまり出会いが両者を生み出すのである。

　もっと言えば、人間の実存そのものが生成と創発のプロセスである。世界から切り離されて、隔離され、疎外された意識が世界に相対する（そのありさまはしばしば決して優美とは言えない）――西洋の実存主義はそんなふうに考える。しかしそうではない。実存、

---

*34　（原注）Kreps, *Understanding Digital Events: Bergson, Whitehead, and the Experience of the Digital*, 5.

*35　（原注）フェルベークは、技術が私たちの世界への関係の媒体（media）となるとき、私たちはこの媒介作用（mediation）によって共＝構成されると論じている。しかし、実際に生じていることをプロセス的に考えるところまでは突き詰めていない。

*36　（訳注）「インタラクションする」としたのは interact の語。互いに作用を及ぼしあうこと。相互作用すること。

意味、そして世界はプロセスのなかで創発し、またプロセスによって構成されるのである。技術は意味形成、創発、生成のこのプロセスに参加する。プロセス思考はまた、技術を手にした実存についての関係的な見方を教えてくれる。というのは、私たちがそれへと生成するところのものは、常に、関係＝内＝生成だからである。私たちは、他者および技術とのインタラクションと相互関係のなかで生成するのである。

　デジタルテクノロジーとメディアが時間性にどういった影響を及ぼすのかを知りたいと思うなら、問うべきなのは、主観的な時間に対立する客観的な時間に技術が何をするのかではない。こういう関係的で実存的で創発的なプロセスと出来事を技術がどうかたちづくり、これに参加するのか、そしてこうしたプロセスのなかで、時間と技術それ自体が、プロセスと出来事とインタラクションの創発的な結果であるのはどのようにしてかと問わねばならない。私たちがデジタルテクノロジーとインタラクションするときに時間を経験する仕方は、客観的な時間と区別して考えられるべきものではない。むしろそれは生きられた時間であり、持続としての時間、主観的なものと客観的なもの、文化的なものと技術的なもの、人間的なものと非＝人間的なもの、それらのいずれをも包み込むような時間的プロセスなのである。このプロセスのなかで、意識は物質的リアリティや技術的リアリティと混じりあい、インタラクションする。デジタル経験とデジタルプロセスは絡みあっているのである。私の自己と実存とは、その経験、インタラクション、プロセス、生成からつくられ、生きられ、創発する。

　例えば、デジタルテクノロジーを用いるとき、私たちは急きたてられているように感じる。気候変動やパンデミック、戦争といった、デジタルメディアを通じて知らされた出来事やプロセスに関して不安を覚える。プロセス哲学によれば、その慌ただしさや不安は、客観的な時間に訴えて「訂正」されたり「検証」されたりすることのできるような主観的な感情にすぎないものではない。ベルクソンの持続の概念を応用するならば、むしろここで本当に起こっているのは時間の変化であり、主観と客観双方の変化なのである。主

第2章　プロセス、ナラティブ、パフォーマンス　　35

観と客観とは共 = 構成しあうのだ。デジタルテクノロジーはスピードを操る機械となり、私たちは急きたてられた自己、不安な自己になる（そういう自己として生成する）。デジタルメディアを通して知覚される気候変動は、人間的な側面と非 = 人間的な側面、デジタルとアナログの両面を持つ出来事ないし一連の出来事である[37]。このプロセスのなかで、経験と技術は創発し、融合し、特定の様式の実存がかたちづくられる。気候変動の文脈では、測定の技術は破滅を予告する技術となり、人間は危機 = 内 = 主体へとつくりなおされる。パンデミックや戦争のなかで、またそれによって同じことが起こる。パンデミックも戦争もデジタルテクノロジーとデータによってかたちづくられるのだが、そうしてかたちづくられたパンデミックや戦争が、今度はデジタルテクノロジーとメディアを恐怖の機械へと変え、パンデミック主体と戦争主体とを創出するのである。ある特定のデジタルテクノロジーが私たちと実在の「あいだ」に差し挟まれた一個のモノであるという意味で媒体（メディア）[38]となっていて、それが私たちの意識を形づくっているというのではない。むしろ人間的主体、リアリティ、デジタルメディアでさえ、プ・ロ・セ・ス・のなかで、なるべきところのものになるのである。

　デジタルテクノロジーを弱い意味でプロセスとして理解することができるということは明らかである。デジタルテクノロジーはテクノロジープロセスなのだ。例えば、データはデータサイエンスプロセスのなかでつくられ、またそこから創発する。AI は、データ集

---

*37　（原注）ヴァルター・ツィマーリが正しく論じているように、アナログはデジタル化されるが、しかしデジタルもまたアナログな要素に変換されなおされねばならない。Zimmerli, "Künstliche Intelligenz," 18を見よ。デジタル – アナログ変換、アナログ – デジタル変換の連続的なプロセスがあるのだと言うことができよう。

*38　（訳注）「媒体（メディア）」としたのは medium で、この語はもともとラテン語で「中間のもの、あいだ」を意味する。その複数形が media で、「マスメディア」などと言われる場合の「メディア」もこれに由来する。ここでは（後者の「メディア」の意味を含みとして持たせつつ）私たちとリアリティのあいだを取り持つ／媒介するという一般的な意味で mediumと言われている。

合、アルゴリズムやモデルの創出、データ分析などを含むプロセスとして理解できる。こうしたプロセスのなかで人間は、例えばデザイナーや開発者として、また技術やインフラストラクチャーのメンテナーとして重要な役割を演じている。自動車だけでなく、デジタルテクノロジーもメンテナンスを必要とするのである。ソフトウェアは更新しなければならないし、クラウドインフラにもメンテナンスが必要である[39]。技術は単に創出され、デザインされ、開発されるだけではない。それはまた寿命ないし一生（ライフサイクル）を持ち、その「生」の異なった瞬間に、技術は様々な実践に結びついている。プロセスという観点からデジタルテクノロジーを見れば、それだけで技術に関する興味深い時間的パースペクティブが開けてくる。そこでは、技術はもはやある時代のある瞬間に位置するモノ、人工物ではない。例えばデジタルテクノロジーの持続可能性に関する問いを問うことを可能にしてくれるのはこのようなパースペクティブである。

　だが、プロセス哲学に依拠することによって、私たちはプロセスのより深く、より強い意味をも利用することができるようになる。人間と技術、主体と客体とは変化し、また相互に構成しあうのだ。データおよび関連するデジタルテクノロジーの何であるか、私たちの何であるかすらプロセスのなかで変化する。だからプロセスの成果もまた変化し、創発する。危機の時代にあっては、デジタルメディアは危機を共＝創出し、それと同時に、すなわちそのプロセスのなかで、メディアは不安をあおる機械となる。その同じプロセスのなかで、そうした機械とインタラクションする私たちは不安を抱えた主体となる。確定した本質があるのではなく、相互＝関係、流れ、そして進化のうちに客体と主体とがあるのだ。時間に対する私たちの関係、私たちの時間性もまた変化し、プロセスのなかでかたちづくられる。例えば、科学とデジタルテクノロジーに媒介された

---

[39]　（原注）メンテナンスは、現代の技術哲学のなかで無視されることの多かったトピックである。マーク・トーマス・ヤングと私は今この状況を変えようと試みている。

気候変動の観点から見れば、私の生活時間は、気候の歴史、気候の現在、気候の未来の部分となる。言ってみれば、私の実存は「気候化」されるのである。私は今や以前と同じ主体ではない。同じことはパンデミックの時代、戦争の時代などにも起こる。私の実存と主体性（主観性）はパンデミック的となり、戦争的になる。私が自分の時代をどう経験し、どう生きるかは、こうしたプロセスと、関連する諸々の時間性、例えば地質学的時間、戦争の時間、あるいはあるウィルスの蔓延の時間性によってかたちづくられる。こうした時代にあって、私たちは気候主体、パンデミック主体、戦争主体になる。私たちの実存は変化するのだ。他方、同じプロセスのなかで客体もまた変化する。デジタルテクノロジーはこうしたプロセスや出来事の部分である。デジタルテクノロジーはそのプロセスに寄与し、それ自身もまたそれらプロセスや出来事によってかたちづくられる。デジタルメディアは気候メディアとなり、パンデミックメディアとなり、戦争メディアとなるわけである。今日のインターネットは、パンデミックの後では、もはやパンデミック以前のそれと同じインターネットではない。

　かくしてプロセス哲学のパースペクティブはまた、技術的媒介に関する興味深い見方を与えてくれる。この媒介を時間的なものにし、これに動きを加えるような見方である。媒介は、主体が自己自身を見出す環境、私たちにとって外在的な環境ではないし、ドン・アイディ[40]やピーター＝ボール・フェルベーク[41]が言うような、主体とその世界との「あいだに」ある何かでもない。むしろ媒介はプロセスなのである。ティモシー・バーカー[42]はこのことを次のように表現している。「媒介は、先行して存在する二つの存在者のあいだに流れるものではない。むしろ、それは様々な存在者を再＝現前化し、再構成するプロセスである。要するに生成的プロセスであり、これが存在者の生成にとっての条件となっている。それは時

---

*40　（原注）Ihde, *Technology and the Lifeworld.*

*41　（原注）Verbeek, *What Things Do.*

*42　（訳注）ティモシー・バーカー（Timothy Scott Barker）はメディア論、アート理論、技術の哲学などを専門とするイギリスの研究者。

間的なプロセスであり、そこでテクノロジープロセスは、生成のための条件を生み出しているのである」[43]。

しかし、こんにち用いられ、理解されているデジタルテクノロジーには、モノでできた世界という描像を与え、固定した自己と実存、つまり生成とは無縁な自己と実存のイメージを与えるきらいがある。またそれは、世界と自己との解きがたい関係性を否定する。私たちがモノとして描かれ、モノになってしまえば（じっさい私たちは技術を通じて自分たちをモノにしているのである）、私たちは自分が世界との関係のなかで、他者との関係のなかで変化するものだということを忘れてしまう。クレプスはこう論じている。ソーシャルメディアのプロフィールは「生成プロセスの渦中にある諸々の同一性に、抽象的な仕方で、具体的かつ安定した同一性を与えるものである」。デジタル環境に残されるデジタル痕跡によって私たちは忘れられる権利を失い、ショシャナ・ズボフ[44]の言う監視資本主義の文脈で、マーケティングのために用いられるデータシステムのなかに固定されるのだ、と[45]。AI と同様に、ソーシャルメディアもまた私たちを過去へと縛りつけ、固定され、それゆえ生成など否定されているように思われる未来を描き出す。さらに、トランスヒューマニズム[46]は、技術の未来を論じるなかで「閉じた」存在論と哲学的人間学を提示する。世界は予言することが可能である。人間はアップグレードされる必要のある不完全な機械であり、予知

---

[43]　（原注）Barker, *Time and the Digital*, 12.

[44]　（訳注）ショシャナ・ズボフ（Shoshana Zuboff）はアメリカの学者（ハーバード・ビジネススクール名誉教授）。デジタル時代において成立する経済体制を「監視資本主義」として描いた。この新たな経済秩序においては、人間の様々な経験も「密かな抽出・予測・販売からなる商業的慣行のための無料の原材料として」（邦訳 p. ii）扱われる。

[45]　（原注）Kreps, *Against Nature*, 59. 参照されているのは次である。Zuboff, *The Age of Surveillance Capitalism*.（ショシャナ・ズボフ『監視資本主義：人類の未来を賭けた闘い』東洋経済新報社、2021）

[46]　（訳注）トランスヒューマニズム（transhumanism）は、技術を用いて人間そのものをいわばアップグレードし、その限界を克服しようとする／すべきであると主張する考え方のこと。本書 8 頁の脚注[19]も参照。

できる未来はAIが決定する。私たちはシンギュラリティ（技術的特異点）[47]に向かっており、抵抗しても無駄である[48]。こうした見解は、ヨハネス・シック[49]が（シモンドンの影響を受けて）自己や技術的対象の「不断の発明と再発明」と呼ぶもの[50][51]、またもっと一般的に言えば、プロセス思考および関係的思考と対照をなしている。私たちが前に進むためには、人間、その自己、その世界、そしてその未来に関するこうした二元論的で閉じた描像を、デジタルな実存をプロセスとして捉える見方で置き換えねばならない。自己、世界、意味は、相互的で関係的な生成のプロセスから創発し、そういうプロセスのなかで共＝構成されると考えるべきなのである。ホワイトヘッドにとって、自己とは諸関係の流れの結果である。このことは子どもの成長と発達に顕著であろう。ロバート・メスリー[52]の言うように、「子どもは自らの魂を、彼らが置かれている関係性から創り上げねばならない」[53]のである。だが、関係＝内＝生成としての自己生成に決して終わりは来ない。成長しつづけようと思うなら、私たちは世界に、そして私たちを取り巻く人々に開

---

*47　（訳注）シンギュラリティ（技術的特異点）とは、技術の進歩・成長の先に、技術と私たちのあり方に不可逆で劇的な変化が生じると想定される時点のこと。特に人工知能が人間の知能・知性を上回る時点のことを指すために用いられることも多い。

*48　（原注）トランスヒューマニストの思考は、例えばテグマークの『LIFE 3.0』に見出せるだろう。トランスヒューマニズムやシンギュラタリアニズムの他の有名な主唱者としては、レイ・カーツワイルやニック・ボストロムがいる。

*49　（訳注）ヨハネス・シック（Johannes F. M. Schick）はドイツ生まれの哲学者。単著に *Erlebte Wirklichkeit. Zum Verhältnis von Intuition und Emotion bei Henri Bergson*（Lit Verlag, 2012）（体験された現実：ベルクソンにおける直観と情緒の関係について）がある。

*50　（原注）Schick, "The Potency of Open Objects," 1.

*51　（原注）シモンドンに従って、シックは、「進化ポテンシャル」を持ち、所有されるのではなくて、参加と共同とを誘発する「オープン・オブジェクト」を支持している。Schick, "The Potency of Open Objects."

*52　（訳注）ロバート・メスリー（Robert Mesle）は、アメリカの神学者、哲学者。ホワイトヘッドの哲学にルーツを持つプロセス神学の立場に立つ。

*53　（原注）Mesle, *Process-Relational Philosophy*, 53.

かれたままであらねばならない。これは、私たちが参加し、また寄与する、創造的で関係的な存在生成である。人間もデジタルテクノロジーも、この存在生成の部分なのだ。

【デジタルテクノロジーと私たちの責任】

　他方で、人間とデジタルテクノロジーに関するこうした参加的でプロセス指向的な見方は、責任を排除するものではない。規範的な観点からすれば、プロセスアプローチを採用するということは、私たちが自身と自身の未来に対して責任を負わねばならないことを含意する。つまり、シックがトランスヒューマニスト[54]の咎として非難するような行い[55]、すなわち AI のような技術を隠れ蓑にしたり、そういう技術を絶対化したりすることとは違う。プロセスアプローチをとるということは、ベルクソンが「創造的進化」[56][57]と呼ぶプロセスに参加するという課題を引き受けるということ、そして技術が私たちの問題を解決してくれるなどと夢見たりしないで、デジタル経験と人生の冒険に取り組むことを意味するのである。それはまた終わりのない挑戦として未来に向きあい、それにともなう不確実性、リスク、傷つきやすさを受け入れることを意味する。不確実性を否定したり、（技術を用いた）弥縫策に終始したりするよりも、これを認め、受け入れたほうがよいということはこれまでにも論じられてきた。不確実性は創造性を可能にし、「様々な可能性をもたらす」[58]。それは未来の地平を切り拓くのだ。エリン・ギルソ

---

*54　（訳注）トランスヒューマニストとは、新たな科学や技術を用いて、人間のさまざまな能力を増強し、生物学的な限界を超越する必要性を説く論者たちのこと。彼らのなかには、人間が病気をしないように、可能であれば、死なないようにしようとさえ考える人びともいる。

*55　（原注）Schick, "The Potency of Open Objects."

*56　（原注）Bergson, *Creative Evolution*.（ベルクソン『創造的進化』）

*57　（訳注）生そのものが、あらかじめ規定することのできない飛躍（生の飛躍、エラン・ビタール）によって展開してゆく創造的な過程であるという、独自の進化観を要約したベルクソンの用語、またその考えを展開した著作（1907年）のタイトル。

*58　（原注）Akama, Pink and Sumartojo, *Uncertainty and Possibility*.

ン[59]の主張するところでは、傷つきやすさは必ずしもネガティブなものではない[60]。私も傷つきやすさの哲学的人間学を提唱した[61]。傷つきやすさを人間的実存の部分と考えるのである。プロセス哲学的なアプローチは、人間的実存のいっそう適切な記述や、私が「規範的人間学」[62]と呼んだものに注がれるこうした努力の味方となり、その規範的な含意を見てとる助けとなってくれる。トランスヒューマニズムの描く技術の未来など存在せず、未来が根本的に不確実なものだとすれば、そこに残されるのは何か。終わることなく形成の途上にあり、原理的に予言不可能で確定不可能な世界にさらされた私たちの無防備さ、その世界への私たちの参加、その世界に対する私たちの責任である。私たちが物事に従事し、関係を持ち、応答するのはこのような世界の内部でのことなのである。アカマ、ピンク、スマトヨが言うように「不確実性を抱え込むことは、私たちが厳密には次に起こることを知らないし知りえないということを認めることであり、次に起こることが与えてくれる可能性に積極的に関与すること」[63]である。そうすることは私たちの倫理的=実存的な責任である。傷つく危険にさらされながらも、不確実な成果を伴うプロセスに参加することの責任を私たちは負っているのだ。

　私たちの実存に対して責任をとろうとするこの立場は、サルトル的（そしてニーチェ的）な実存主義を拒否するものではなく、これを改訂したものとして解釈することもできる。サルトルが考えるような厳格で、擬似プロテスタント的な絶対的責任と絶対的自由を伴わず、ニーチェ的なニヒリズムを拒絶あるいは少なくとも更新する、そういう実存主義である。第一に、私たちが常に関係のなかに

＊59　（訳注）エリン・ギルソン（Erinn Gilson）はアメリカの哲学者・倫理学者。食の倫理・農業倫理やフェミニズム理論の研究をしている。

＊60　（原注）Gilson, *The Ethics of Vulnerability*.

＊61　（原注）Coeckelbergh, *Human Being @ Risk*.

＊62　（原注）同上。ベルト＝ヤープ・コープスによる書評 Koops, "A Normative Anthropology of Vulnerability" も参照のこと。

＊63　（原注）Akama, Pink and Sumartojo, *Uncertainty and Possibility*, 36.

ある以上は、絶対的責任は問題とならない。私たちはまったく別々に行為するのではなく、常に相互行為（インタラクション）する。私たちは様々なプロセスの部分である。このことは、私たちが絶対的には責任を負っていないということを含意する。第二にそれは、意味はプロセスから創発するものだと考えるという点でニヒリストの立場とは違う。ただ、このプロセスには人間だけでなく技術も参加しているのである。いずれにせよ、プロセスとしての世界は意味を欠いてはいない。だが、その立場はなおも人間の責任を主張する。ニーチェが神の死を宣言してからだいぶ経つ*64。今日、私たちには、それに対して責任や自由の重荷を下ろすことのできるような擬人的な神的存在者がないというだけではない。私たちは技術を、私たちが責任を転嫁することのできる神へと仕立て上げることもできないのである。シンギュラリティとしてのAIのナラティブを考えてみよ。このような技術とナラティブが私たちの実存的な責任を取り払うことはできないし、またそうすべきでもない。個人としてだけでなく、また人類としても、私たちは自分の実存的な自由に向きあわねばならず、成長しなければならない。それは自分の自由を用い、その責任を負わねばならないということである。そして、プロセス哲学の立場から見てこのことが意味するのは、私たちが自分の自由を用い、生成と共＝生成——他者との共＝生成、そして技術との共＝生成に対する責任を負わねばならないということなのである。

　実存的な責任は実存主義者にとって重荷である。彼らにとって、私たちは意味を欠いた世界の内側に個人的・絶対的責任を負わされて存在するバラバラの個人だからである。だが、幸いなことにニヒリストの描像は間違っている。もし私たちが、つくられる途上にある世界、生成する世界の部分であるなら、私たちもまたこの世界をつくるのであり、意味と意味形成に参加するのである。世界も私た

---

*64　（訳注）「神の死（神は死んだ）」はニーチェの著作に現れる言葉、概念。キリスト教道徳をはじめとするヨーロッパの価値体系が崩壊した時代、それゆえニヒリズムの時代に私たちが生きているということを象徴的に表現していると一般に解される。

第2章　プロセス、ナラティブ、パフォーマンス　　43

ちの実存も、そのプロセスのなかで意味を持つようになるのだ。さらに、私たちは一人ではなく、（サルトルの有名な言い回しを用いれば）他者とはまさに地獄というわけでも常に地獄というわけでもない[65]。道徳性のサルトル的な実存主義的・個人主義的な考え方を越えたところに私たちが見出すのは、私たちのもとに外部からやってくるような要求や、個人的な徳といった形式の道徳性だけではない。例えば、カント的な道徳性の要求や、サルトルや同時代人の道徳哲学者たちに答えてアイリス・マードック[66]が論じた「非自己化」だけではない（マードックによれば、道徳性は私の自由や意志に関わるよりもむしろ、リアリティの美しさに注意を向けることによって過剰な自意識を乗り越えるというところにポイントがある）[67]。共＝実存のプロセスとして理解された具体的な社会的・共同的生活のなかで現れてくる道徳性もあるのだ。アリストテレスやデューイ、レヴィナスといった哲学者たち（さらに例えばフェミニストの哲学者たち）の着想に従えば、非自己化とはそもそも私が他者によって[68]、また他者との関係のなかで呼び求められるものな

---

[65] （訳注）「地獄とは他人のことだ」は、サルトルの戯曲「出口なし（*Huis clos*）」に見られる台詞。

[66] （訳注）アイリス・マードック（Jean Iris Murdoch, 1919-1999）はイギリスの作家、哲学者（アイルランド生まれ）。プラトンやサルトル、実存主義などを主題とする哲学的エッセイがある。

[67] （原注）例えば *Existentialists and Mysticism* に集められたアイリス・マードックの論文を読んでいると、道徳的になることは「自己自身とは異なる現実に対する慈愛のこもった尊敬」を育むことと関係があるというアイディアに出会う（218）。この「非自己化」を説明するために、マードックは、窓の外を見て鳥を見るという経験を記述している。この経験は彼女の心の状態を変える。「傷ついた虚栄心に塞ぎ込んでいた自己が消え去る」（369）。しかしながら、道徳についてのマードックの（擬似？）神秘的かつプラトン的な説明は、道徳性の具体的で社会的な次元を十分に認識できておらず、その視覚中心的なプラトン的精神主義が、よりパフォーマティブでプロセス哲学的な思考と一致しないことは明らかである。

[68] （原注）形而上学から倫理を導出するように見えるマードックとは違って、エマニュエル・レヴィナスは倫理、特に倫理的な関係性が最初に来ると論じた。私に応答を迫るのは他者なのである。レヴィナスの『全体性と無限』を見よ。

のだということを認めねばならない。そして責任は、単に私が向き
あう何かなのではなく、共同体としての、社会としての私たちが向
きあう何かでもある。責任問題は社会的な問題として持ち上がり、
社会的で関係的なプロセスのなかで生じるものである。技術に対す
る責任についても同じだ。私たちは一丸となって技術の責任ある開
発・使用・メンテナンスに参加することができるし、また参加しな
ければならない。そして私たちはバラバラの自己ではなく、世界の
一部である。このことが意味するのは、私たちはプロセスであり、
共＝実存だということである。私たちが参加するのは、社会的＝技
術的プロセスを含む、私たち自身よりも規模の大きいプロセスであ
る。私たちは共＝進化する。私たちは共＝実存する。世界のなかに
あることと世界のなかで生成することに伴う実存的な負担と自由と
は分かちあうことができるし、実際に、少なくともある程度は分か
ちあっている。例えば、私たちは地域的な共＝実存の問題として、
グローバルな共＝実存の問題として、また共＝進化の問題として気
候変動に向きあうことができるし、向きあわねばならない。こうい
う状況下で私たちが出会う様々な可能性を想像し、またそれに従事
することは一緒になされうるし、また一緒になされねばならない。
そしてそこには、技術に対する私たちの関係についての思考が含ま
ねばならないのである（本書の第3章で共＝実存の政治学について
もう少し詳しく述べるつもりである）。

ナラティブ

【プロセスアプローチにナラティブ理論を統合する】

　出来事やプロセスとして見たとき、私たちのデジタルな実存と自
己にはある構造が見いだせる。もちろんそれは時間的な構造であ
る。私たちは時間のなかで生き、時間によって「生きられ」る（例
えば、私たちがスピードとその加速を特徴とするデジタル文化のな
かで急きたてられているということを考えてみればよい）からであ
る。しかしまた、それは社会的な構造、ナラティブの構造を持って
いる[69]。人間的な実存の時間性とその社会的アスペクト、つまり

第2章　プロセス、ナラティブ、パフォーマンス　　45

共＝実存は、ナラティブによって構造化されているのである。ユヴァル・ノア・ハラリ[70][71]やそのほか多くの人たちが認識しているように、私たちは単に物語の語り手であるというだけでなく、物語であるということが重要な点である。私たちの実存は、私たちのデジタルな実存をも含めて、一個の物語なのである。それは物語の構造を持つ。そして意味は、その物語のなかで、またその物語から創発すると考えられる。

　こうした思想は目新しいものではなく、とりわけ解釈学の哲学的伝統のうちに見いだすことができる。ポール・リクール[72]によれば、人間の生と経験とはナラティブの構造を持っている。彼の出発点は古代ギリシャの悲劇とそのテクストにある。『時間と物語』[73]のなかで、彼はアリストテレスの『詩学』に依拠しつつ、筋立てと模倣の理論を示してみせた。登場人物、動機、そして出来事を有意味な全体へと仕立て上げるのは物語の筋である。筋によってナラティブ全体が意味を持ち、新たな理解が生まれる。プロセス哲学や実存主義と同様、こうしたナラティブアプローチも自己に対する非本質主義的な理解を与えてくれる。ナラティブアプローチでは、自己と自身の実存をナラティブを通して理解するのだが、このことは、私たちが確定した所与のモノではなく、発展し生成するものだということを意味する。そして、ナラティブの仕組みを通して私たちは意味を創出するのである。物語ることによって、私たちは過去をま

＊69　（訳注）本書25頁の脚注＊1を参照。

＊70　（原注）Harari, *Homo Deus*.（『ホモ・デウス：テクノロジーとサピエンスの未来（上・下）』柴田裕之訳、河出書房新社、2018）

＊71　（訳注）ユヴァル・ノア・ハラリ（Yuval Noah Harari）はイスラエルの歴史学者。その著書『サピエンス全史』は世界的なベスト・セラーとなった。

＊72　（訳注）ポール・リクール（Paul Ricœur, 1913-2005）はフランスの哲学者。現象学と解釈学の分野を中心として多数の業績を持つが、物語論の古典として『時間と物語』がある。

＊73　（原注）Ricoeur, *Time and Narrative—Volume 1.*（リクール『時間と物語 1　物語と時間性の循環／歴史と物語』（新装版）久米博訳、新曜社、2004）

るごとひとつの有意味な全体へと組み込む。私たちはこうして自己自身を創出し、解釈し、そして未来への可能性を理解する。デジタルテクノロジーはこうした自己形成、自己解釈、自己理解のプロセスを支援し、かたちづくるものである。例えば今日、私たちはソーシャルメディアを通して自分自身を理解している。だから、デジタルテクノロジーとメディアは、例えば情報を探したり友人と連絡とりあったりするといった、ある特定のことをするためのツールにすぎないというのではない。デジタルテクノロジーとメディアは、そうしたツールであると同時に、私たちが自分自身をつくりあげ、私たち自身を創発させ、共＝実存させるのを助けるものでもある。こうして、技術とメディアはナラティブによる生成のプロセスに与るのである。

　プロセス哲学と結びつけると、ナラティブ理論はまた、全体としてのデジタルプロセスから創発する意味について語ること、主観／客観二元論を乗り越えつつ、その全プロセスを記述することを可能にする。デジタルプロセスやデジタルな出来事の時間性がナラティブによって構造化されているとすれば、意味は、自然と文化、人間と非＝人間[74]とを巻き込みながら創発することになるだろう。特定のナラティブ（例えば気候危機についてのナラティブ）は、登場人物（気候変動によって脅かされる特定の動物、気候変動に関する特殊科学的なデータ）と出来事（メディアによって取り上げられ、科学的に研究される気候上の出来事）を、全体の意味をかたちづくるような整合的なひとつの全体（私たちがいま気候危機と呼んでいるもの）へと構造化する。当該の危機は、私たちが解釈し、物語る解釈学的プロセスのなかで「つくられる」わけである。危機は、こういうプロセスの部分であるから、物語の全部ではない。気候変動は、単に測定されるだけでなく、また物語られる。気候変動は科学

＊74　（訳注）「非＝人間（non-human）」はアクター＝ネットワーク理論の用語。この理論では、〈主体としての人間／客体としての人間以外のもの〉という二元論的枠組みをとらずに、人間も人間以外のものも、互いに作用を及ぼしあいながら成立するアクターと見なされる。その「人間以外の」アクターが「非＝人間」と称される。それ以上の含みはない。

であると同時に物語でもあると言うことができるだろう。それは一方で事実と数の問題であるが、また同時に解釈と物語行為のプロセスでもある。同じことはパンデミックや戦争についても言えるだろう。このようなプロセスとナラティブにおいては、科学と文化、技術と人間、客観と主観とが絡みあう。通俗的な（近代的）思考は、主観と客観とを分離しておこうとするが、それとは違って、プロセス思考は気候変動をプロセスやナラティブとして概念化する非二元論的な仕方を教え、これを理解させてくれる。いわゆる主観的な要素と客観的な要素とは合流して、プロセス、出来事、ナラティブのなかでつくられるのである。

　ナラティブアプローチはまた、デジタルプロセスとデジタルな出来事の社会的次元、いやそればかりか実存の社会的次元を際立たせてくれる。ナラティブは、私の人生のナラティブというような単に個人的なものではなく、他者をも含んでいる。その物語のなかには登場人物が他にもいて、個人的なナラティブは共同体、文化、社会におけるより大きな意味へと結びついている。そしてこの意味自体もナラティブのかたちをとっているかもしれない。例えば、気候変動について私がすることは、友人が言ったりしたりすることによって影響を受けるし、私の文化では、黙示録的・終末論的なナラティブがすでに手の届くところにあり、気候変動に関する私の文化内のナラティブに影響を及ぼしている。そしてそうしたナラティブが私の個人的な物語のうちに統合されて、これをかたちづくる。例えば、エクスティンクション・レベリオン運動[75]が示すような気候のナラティブによれば、私たちは人類が絶滅する「最後の時」に向かって進んでいるらしい。トランスヒューマニストのナラティブが予言するところでは、私たちはシンギュラリティに、あるいは何か別のかたちでの終局、人類の必然的終局に向かって進んでいるという。こうしたナラティブが、個人の生活や個人的な物語のうちで解釈され、そこに統合されることもあるだろう。例えば、私は自分の物語を、人類の生き残りを賭けた闘いの物語、あるいはまた、私た

---

[75]　（訳注）本書8頁の脚注[21]を参照。

ちに取って代わりうる超知性的な人工的行為者の開発促進をめぐる物語と見るようになるかもしれない。ここでも私たちは、より関係的なアプローチを手にするのであるが、今回はナラティブという概念を用いることによってこれを手にするのである。

　さらに、リクールの着想に拠りつつ、解釈学的なナラティブアプローチ[76]をデジタルテクノロジーを理解するために採ることもできる。そうすることで、私たちが（技術を用いたり、技術について・・・・の物語をつくったりするだけでなく）いかにナラティブによって、・そして技術によってかたちづくられるかを示すことができるだろう。ヴェッセル・レイヤーズ[77]と私が論じたように、デジタルテクノロジーは、とりわけ私たちのナラティブの環境を整えることによって、意味形成のうちで積極的な役割を演じている[78]。技術は私たちのナラティブの共著者なのだと言うこともできよう。例えば、気候変動によって私たちの文明が終焉を迎えるといったナラティブは、単に物語る人間がつくるだけのものではなく、私たちの用いる科学的な機器やデータ収集、データ処理の技術がつくっている部分もある。こうした技術が物語行為上の積極的な役割を担っているわけであり、それはナラティブの一種の共著者となるのである。しかしその一方で、これらの技術は気候技術として当該ナラティブのプロセスから創発するものでもある。これらの技術もまた物語の一部となり、様々な出来事に巻き込まれ、科学者や気候活動家、政治家といった他の登場人物たちとインタラクションする登場人物となるのである。ブルーノ・ラトゥールと同様（下も見よ）、私たちも人間と非＝人間とを含んだ社会的なものという描像にたどりつく[79][80]。だが、ラトゥールと違って、私たちは時間的な次元、ナ

＊76　（原注）Romele. *Digital Hermeneutics.* リクールと技術の哲学一般を扱った初期の仕事としては、Kaplan, "Paul Ricoeur and the Philosophy of Technology" を見よ。

＊77　（訳注）ヴェッセル・レイヤーズ（Wessel Reijers）は、技術の哲学を専門とするドイツの研究者。

＊78　（原注）Reijers and Coeckelbergh. *Narrative and Technology Ethics.*

＊79　（原注）Latour, *We Have Never Been Modern.*

第2章　プロセス、ナラティブ、パフォーマンス　　49

ラティブの次元を強調する。私たちはこの次元をもっとうまく概念化することができるし、意味や実存について語ることもできるのである。

　ナラティブによって構造化されて、デジタルプロセスとデジタルな出来事は新しい主体と客体、それゆえ新しい意味をもたらす。その意味は実存的な時間性、時間に対する私たちの関係に反映される。技術的プロセスと出来事、そこからナラティブの仕組みを通して創発する意味は、私たちの時間、私たちの実存、私たちの自己をかたちづくってもいるのだ。例えば、気候変動に関する特定のナラティブ（例えば黙示録的なそれ）は、デジタルテクノロジーやデジタルメディアの力を借りて、今日この惑星で生きるということの意味をかたちづくる。それは私たちの時間と私たちの実存をかたちづくる。私の時間と私たちの時間とをかたちづくる。私の生活時間、この社会における私たちの時間、この惑星での私たちの時間をかたちづくるのである。私は巧まずしてこのような気候変動物語の部分となってしまう。私はそのナラティブの一部となる。このようなナラティブ、解釈プロセス、意味形成を通じて、私は気候危機の主体となるだけでなく、もっと正確に言えば、ある物語の登場人物となるのである。例えば、古典的なソーシャルメディアやデジタルソーシャルメディアによって提示される気候変動の物語を通じて、私は肉を食べることで気候変動に荷担する悪しき消費者となりもすれば、気候変動と闘う英雄的なティーン・エイジャーとなりもする。

【ナラティブに伴う責任】

　このようなナラティブに私が巻き込まれているということは、私がそのナラティブとその帰結を受け入れねばならないということを意味するわけではない。私がそのナラティブと登場人物としての私を好まないなら、私はそれを変えようと試みることができる。ナラ

＊80　（訳注）ブルーノ・ラトゥール（Bruno Latour, 1947-2022）はフランスの哲学者・社会学者。「アクター＝ネットワーク理論」のアイディアを構築・展開した科学社会学の業績で知られる。

ティブアプローチは関係的でコミュニケーション的なのである。ナラティブとコミュニケーションの性格を持つプロセスへの参加者として、私は自身の共同体についてのナラティブや、デジタルメディア上で私が見出したナラティブに疑問を呈することができる。私は異なった解釈を提案することができ、その解釈を他者と議論することができる。私自身について、他者について、私の社会について、気候変動について、私は違った物語を語ろうと試みることができるのだ。私には依然として責任がある。それは、私が語り、そしてそれを生きるナラティブに対する責任であり、他者に対する責任である。私は「ナラティブの責任」[*81]を負っているのだ。さらに、時間性の観点からしても、ナラティブの仕組みにはつねにすでに社会的・集合的な側面がある。ナラティブは私の時間とあなたの時間を結びつけ、私の時間を私たちの時間と結びつけるからである。ナラティブは私たちを組織し、私たちの技術を組織し、そして私たちの出来事を組織する。ナラティブは共＝実存をかたちづくり、意味を与える。ナラティブは、そうでなかったら結びつきもしなかったモノや出来事に意味を与えるのである。

　このことは過去や現在については当然言えるが、未来に対する態度というものもある。意味形成が規範的なものに結びつくのはここである。ナラティブは過去を理解させてくれるが、私たちが共通の未来を定義するのを助けてくれもする。ナラティブは、私たちがそれを目指して努力する好ましい帰結を想像するのを手伝い、そうして、私たちの意味形成を手助けしてくれるだけでなく、また世界そのものの展開をつくりだしもするのである。例えば、ナラティブは「気候危機」として創発したものに対処する手段を講じるために私たちをまとめあげてくれるかもしれない。そしてこのことが異なった世界と異なった未来へと通じるのである。私たちは、そのナラティブを続けたり、変えたり、異なった登場人物や出来事を創出したり、新たな意味を生み出したりするよう促される。解釈学的なプロセスが終わることは決してない。意味は創発するが、繰り返し変化

＊81　（原注）Coeckelbergh, "Narrative Responsibility and AI."

第2章　プロセス、ナラティブ、パフォーマンス　　51

しうるし、実際、変化するだろう。物語は変わる。新しい物語、新しい意味、新しいコミュニケーション、そして新しい共同体と集団、新しい共＝実存の形式が現れるだろう。

プロセス哲学は、私たちが見据えた描像を始動する助けとなった。ナラティブ理論は、プロセスが構造化される少なくともひとつの仕方、そして意味が社会的文脈（これ自体がプロセスの性格を持つのであるが）のなかで生み出されることを理解させてくれた。さらに、ナラティブ理論は、責任を社会的文脈と社会的プロセスにおけるナラティブの責任として考える一助ともなる。

パフォーマンス

【プロセスとナラティブの身体的＝運動的な側面と行為遂行的性格】

だが、概念上の仕事はこれで終わりではない。プロセス哲学と解釈学とは、私たちのデジタルな実存の経験とその意味を語るために必要な概念、とりわけデジタルな実存がプロセスとナラティブとからどう創発するかを語るために必要な概念をある程度は与えてくれる。しかし、私たち人間と技術が、このプロセスとナラティブのうちで（解釈するという行為や物語るという行為とは別に）行っていること、そしてその行いが身体と具体的な身体運動を含んでいる仕方を概念化する必要が別にある。古典的なプロセス哲学は、例えば気候変動との関係のなかで私たちが行っていること（私たちが世界規模の温暖化にどう荷担しているか）に自然主義的な説明を与えていると表面的には理解できるかもしれない。だが、このことのより具体的な実存的意味と、私たちが日常生活のなかで行っていることに対してこのことが持つ含意を明らかにしようと思えば、依然としてかなり抽象的であろう。また、リクール風のナラティブ理論は、私たちの行動を物語のなかの登場人物の行動として組み立てることはできるが、言語にもっぱら重点を置いているため、少なくともさらにこれを洗練させないと、身体や運動に焦点を置く人間観とは結びつかず、私たちがデジタルテクノロジーを用いてしていることのより政治的な理解を妨げるおそれがある。それゆえ、デジタルな時

間とデジタルな実存を余すところなく理解するためには、身体と人間が行うことについてもっと言葉を費やす必要がある。

　こうした欠点に対する応答として、私はパフォーマンスという概念を用いるよう提案する[82]。この概念は、上に指摘されたギャップを埋めてくれるし、他の諸理論に由来するいくつかの洞察を結びつけることができる。第一に、パフォーマンスもまたプロセスであり、ある特定のナラティブに支配されているかもしれない。だが、アート（例えばダンスや音楽）から借用されたメタファーとして、パフォーマンスという語は、社会的で身体的な次元を明示的に議論に組み込む。このことは、私たちが技術を用いて行っていることについて考え[83]、プロセス指向的なナラティブアプローチをさらに展開する助けとなる。主体と客体とがデジタルテクノロジーのプロセスとそのナラティブにおいて生産され、創発するものだということに変わりはない。しかし、こうしたプロセスをパフォーマンスとして見れば、私たちがデジタルテクノロジーを扱うことがまた他者（オーディエンス、共同遂行者＝共演者）と一緒に行為することを伴い、かつこれが常に身体を伴っているということを一段と際立たせることができるのである。

---

[82]　（訳注）「パフォーマンス」の原語はもちろん performance である。本文中にあるように、ダンスや音楽における「パフォーマンス（実演・実技）」を拡張した概念であり、技術や時間などに対する関係の社会的で身体的な側面を強調するために用いられている。後に論じられるように、言語行為論における行為遂行的（パフォーマティブな）発話（「約束をする」と言うことによって、実際に約束が行われるなど）への含みもある。つまり、技術や時間に対する私たちの関係が(1)単なる関係ではなくて何らかの行為の遂行であること、そして(2)それが身体運動を伴う社会的な行為の遂行であることが、パフォーマンスという概念のポイントである。言葉としては techoperformance といった複合的な術語も用いられて日本語にしづらい。原文では名詞の他に performative という形容詞、perform という動詞が数多く用いられている。performative は「パフォーマティブ（行為遂行的）」としたところが多い。動詞 perform については「パフォーマンス」という語を織り交ぜて表現しなおす（例えば「パフォーマンスを行う」など）。

[83]　（原注）Coeckelbergh, *Moved by Machines*.

リクールの理論は古代のドラマ理論に基づいており、言語というメディア、つまりテクストに焦点がある。だが、人生と波乱（運動movement）は劇場の中にも外にもある。人々は単に話すだけでなく、また行動する。人々は言語を用いるが、自身の身体を経験し、身体を用いた運動を経験してもいる。私の実存の時間性（あるいは、私の実存の特別な部分、例えばある特定の出来事）は、抽象的なプロセスとして見られてはならず、ナラティブの観点からのみ見られるようなことがあってはならない。身体を欠いた自己や、抽象的なナラティブ・抽象的なプロセスの一部であるような「私」があるかのように考えられてはならない。私の時間と私の生活時間は、つねにすでに社会的で身体的なのである。時間と時間的プロセスとは、身体を欠いた精神・自己としての私をつくるのではない。時間はまた、私の身体と私の他者との関係をもかたちづくる。私の実存はいつも身体化されており、かつ社会的なのである。例えば、気候変動の観点から見た私の時間、それどころか気候変動そのものも、身体を具えた私に関わる問題である。私の身体とその傷つきやすさとは、地球規模の気候学的なプロセスや出来事に結びついている。私の身体は、極端な出来事によって傷つけられるかもしれないし、私が自分の身体を維持する仕方（例えば、特定の種類の食物によって維持する仕方）は環境を損ない、気候変動に一役買っているかもしれない。パンデミックに関連したナラティブとプロセスとは、単に抽象的な「私」を組織するだけでなく、行動する人としての私、身体を具えた人としての私をも組織する。それは、私が街をどう移動するか（例えば公共交通機関を使わずに歩く）、私がお店に入ったら何をするか（マスクをつける）、どう支払うか（非接触型決済をする）、その筋書きを決めているのだ。また、例えば私が病気にかかったときや、パンデミックによってストレスを感じたときなど、私の身体に影響を与えもする。同じことは、戦争のナラティブとプロセスについても言える。デジタルメディアが私に伝えることは私の心身に影響を及ぼすのである。世界は変化し、それゆえに私も変化する。モノは世界のなかを動き、私も（モノとは違った仕方で）動く。メディアの影響もまた身体的で運動的である。気候変動

やパンデミックや戦争といった観点から見ると、技術によってかたちづくられた私の生成は、身体含みの生成であり、運動を伴う生成である。私はこれらの出来事やプロセスや物語によって動かされたり、動きを止められたり、方向転換させられたりする。プロセスとして実存するということ、そしてプロセスのなかで実存するということはまた、動き、動かされることを意味するのである。

　しかしながら、私はこうした出来事、プロセス、物語に参加し、これをともにかたちづくりもする。私はこうしたプロセスや物語についてただただ受動的であるわけではないのである。私と私の生活（生活時間）、私たちの生活と時間（生活時間）とは、こういったプロセスや物語の受動的な成果ではない。私たちと私とは、私たちが気候変動について語り、またプロセスや出来事に影響を与えるようなその他のことを行うことによって、気候変動というパフォーマンスを行うものでもあるのである。私たちと私は、この意味で、パンデミックや戦争のパフォーマンスを行ってもいるのだ。それが言語の問題であるのはほんの部分的にすぎない。J. L. オースティン[84]やジョン・サール[85]、ジュディス・バトラー[86]らの仕事以来[87]、周知のように、言葉は何かを行うものである。言語は何らかの結果をもたらし、私たちは特定の結果を得るために言語を用いる。言語はパフォーマティブ（行為遂行的）な仕方で用いられうるのであ

---

[84]　（訳注）オースティン（J. L. Austin, 1911-1960）はイギリスの哲学者。その *How to Do Things with Words*（邦訳は『言語と行為』）は、言語行為論（speech act theory）と呼ばれる哲学的分野・言語学的（語用論的）分野の先駆となった。

[85]　（訳注）サール（John R. Searle）はアメリカの哲学者。オースティンによって切り拓かれた言語行為論を展開しただけでなく、心の哲学、社会存在論など、複数の分野にわたって影響力のある業績を残している。

[86]　（訳注）バトラー（Judith Butler）はアメリカの哲学者。言語行為論のアイディア（パフォーマティビティ＝行為遂行的性格）を手がかりに、ジェンダーの社会的・制度的な構成について論じた。

[87]　（原注）Austin. *How to do Things with Words*.（オースティン『言語と行為いかにして言葉でものごとを行うか』飯野勝己訳、講談社、2019）；Searle, *The Construction of Social Reality*; Butler, "Performative Acts and Gender Constitution: An Essay in Phenomenology and Feminist Theory."

る。私が気候変動やパンデミックについて語る仕方は、その意味を
かたちづくりもする。その意味は単に科学の問題にすぎないとか、
私たちが言葉とは異なる仕方で（つまり言語を使わずに）している
ことの問題にすぎないとかいうものではない。気候変動の何「であ
るか」は、科学者、政治家、市民、活動家などによってなされるパ
フォーマティブ（行為遂行的）でコミュニケーション的なプロセス
のうちで生成するのである。気候変動が何「である」かへの無媒介
的な認識的アクセスなどない。しかし、パフォーマンスは身体的運
動でもあり、他者とのパフォーマンスでもある。例えば、抵抗運動
や気候変動活動におけるパフォーマンスは、身体を用いた運動、身
体の運動を伴うような仕方で、気候変動の意味をかたちづくる。例
えば、エクスティンクション・レベリオン運動やグレタ・トゥーン
ベリによって行われるパフォーマンスは、気候変動の気候「危機」
としての解釈・意味（これには特殊な時間的意味、準終末論的な意
味が伴う）を共＝創出し、これには身体的運動が伴う。同様に、専
門家、政治家、市民による言語的かつ身体的なコミュニケーション
的パフォーマンスは、パンデミックや戦争などの意味を共＝創出す
る。

　こうしたパフォーマンスはしばしばデジタルテクノロジーによっ
て媒介されている。言語や身体の使用とともに、デジタルテクノロ
ジーの使用もまたそうしたパフォーマンスをかたちづくるのであ
る。そのかぎりで、デジタルテクノロジーとデジタルメディアもま
たパフォーマティブ（行為遂行的）である。例えば、気候「危機」、
危機感、それゆえ気候に関連する実存的な時間性をかたちづくるに
あたって、ソーシャルメディアや、テレビのような古典的なメディ
アが果たした役割について考えてみればよい。同じことは例えば
COVID-19パンデミックについても、ウクライナ戦争についても言
える。技術とメディアとは、パンデミック時間や戦争時間（を生き
るとはどういうことか）をともにかたちづくっているのである。

　このことが意味しているのは、私が能動的にパフォーマンスを行
う場合にも、受動的な側面があるということである。パフォーマン
スをするのは私だが、私はまた、自身のコントロールできないとこ

ろで生じるパフォーマンスの一部分でもある。参加することもパフォーマンスを行うことも、それが完全にコントロールできるということを意味しない。デジタルな生とデジタルな実存とは、単に、私が人間としてコントロールするようなプロセスの問題ではない。物事が私に降りかかってくるということもある。そして技術は、私がどう話すか、どう動くかということも含めて、私や私たちがすることをともにかたちづくっているのである。『機械によって動かされる』や関連する著作[*88]で私が提案したように、パフォーマンスという用語は、デジタルテクノロジーをも含めて、技術に対する私たちのつきあいを概念化するために用いられうる。私たちがデジタルテクノロジーを用い、テクノパフォーマンスに巻き込まれるとき、動くのは私たちだが、その動き方の筋書きは決まっている。行為するのは私たちだが、指示は与えられる。技術とメディアが演じている重要な役割を概念化するためには次のように言うことが許されよう。私たちは動くために技術を使うだけでなく、また技術が私たちを動かし、指示を与えているのだ、と。メディアはメッセージであるばかりでなく、またパフォーマンスでもある。技術とメディアは私たちを組織し、それによってまた私たちの時間性と実存を組織もする。技術とメディアは私たちが時間のパフォーマンスを遂行する仕方、私たちが実存する仕方をかたちづくっている。私たちは時間のテクノパフォーマンスへの参加者なのである[*89]。

---

*88　(原注)Coeckelbergh, "Technoperformances: Using Metaphors from the Performance Arts for a Postphenomenology and Posthermeneutics of Technology Use."

*89　(訳注)身近な例を挙げて言えば、私たちが時計（アナログであれデジタルであれ）を用いて自分の行動をコントロールするとき、私たちは時計という技術に媒介された時間を生きることになる。少なくともそれは、太陽の運動・位置などを直接の手がかりとして営まれるような生き方とは異なるだろう。時計をはじめとする技術を用いることは、ある特定の時間を生きること、特定のあり方の時間をいわば「実演／実行（パフォーム）する」ことであって、こうした時間構成的＝実存構成的なパフォーマンスを「時間のテクノパフォーマンス」と呼んでいるのである。

第 2 章　プロセス、ナラティブ、パフォーマンス　　**57**

【時間のテクノパフォーマンス】

　私が単に「テクノパフォーマンス」と言わず、「時間のテクノパフォーマンス」という用語を用いるのは、プロセス哲学が時間の本性を適切に捉えているとすれば、こういった諸々のケースで技術やメディアを通じて生じているのは、単に私の時間への関係ではなく、時間そのもののパフォーマンスだからである。私がソーシャルメディアを用いるとき、これは単に技術を用いたパフォーマンスなのではなく、私の時間と、究極的には私の生活時間および実存をかたちづくるパフォーマンスである。こうしたパフォーマンスとプロセスのなかで、特殊主観的な実存的時間と、科学的な客観的時間およびタイムラインとがひとつのプロセスとパフォーマンスに合流する。こうしたプロセスやパフォーマンスが意味を創出し、また時間と世界そのものを展開させる。そして私たちはそれらに対して、ナラティブとパフォーマンスに関わる責任を負うのである。

　だが、プロセス形而上学の抽象的な言葉づかいや、デジタルメディアと結びついてしばしば使われる「バーチャリティ」といった言葉が示唆するところとは裏腹に、こうした時間のテクノパフォーマンスは抽象的な事柄などでは全然ない。デジタルプロセスとナラティブ、そしてその時間性とは、技術と、運動するリアルな身体そのものの両者を伴っており、こうした運動の時間性や身体の時間性を含んでいる。デジタルプロセスとデジタルな出来事における私たちの時間への関係は、抽象的な「プロセス」や「ナラティブ」の問題にすぎないようなものではなく、まさしく具体的な社会的、物質的、身体的、運動的な形式を持っている。これらの形式についてはすでに触れておいたが、時間との関連であらためて強調しておくに値する。私たちがデジタルテクノロジーを用いるとき、私たちは文字通りに時間のなかを動き、時間のなかを動かされる。例えば、私はスクリーン上のカーソルと一緒に動き、Ｅメールのなかを動き、ソーシャルメディアの投稿をスクロールし、つまりはそのなかを動く。そしてこれは私の身体の使用（例えば私の手や腕、眼の身体的な運動）を伴っており、デジタルテクノロジーとその物質的形態、物質的なインフラの使用を伴っている。これらはこれらで流動的で

あり、身体を具えた人間とその運動をメンテナンスのために必要としている。私はまた自分の精神を用い、精神は、私の思考が身体化される以上は、私の身体と運動に関係している[*90]。私がオンラインでいるときも、私の身体のオフラインの運動や時間性は止まりはしない。私がデジタルソーシャルメディア上で、またそれを通じてパフォーマンスを行うとき、私は私の動きと傷つきやすい身体をどこかに置き去りにしてしまっているのではないし、私の身体化された精神を取り除いているのでもない。私は、一個の行為遂行者（パフォーマー）としてメディアと技術を用いてパフォーマンスを行うのであり、しかもあますところなく身体化した生成＝内＝存在としてそうするのである。技術とメディアのユーザーとして、私は身体を具えた生成者として、身体を具えた創発者として生成するのだ[*91]。身体を具えた生成者・創発者として、私たちは時間のなかを動き、また時間によって動かされるのである。

　以前に述べたところからも分かるように、こうしたパフォーマンスを、身体含みの運動的生成という観点から概念化することは、こうしたパフォーマンスに創発するものを私が完全にはコントロールできないということを意味する。私のパフォーマンスとしてのナラティブはふつうすべてがすべて私の書いたものではない。私は、時間性と実存を組織するこうしたパフォーマンス、そこに時間性と実存が創発するパフォーマンスへの、身体を具えた、社会的な、そして相互行為的な参加者なのである。私たちのパフォーマンスそのものが時間と時間性をかたちづくるその一方で、私のした行動や運動は時間のなかに位置づけられ、そもそも私の身体や私の社会的＝運動的な環境において既に利用可能な、関連する時間性によってかたちづくられているということも確かなのである。例えば、私がこの

---

*90　（原注）認知科学や哲学における、身体化された精神とエナクティビズムの伝統を参照せよ。

*91　（原注）ここで私が提案している用語は、クレプスが *Bergson, Complexity and Creative Emergence* のなかで展開している解釈と軌を一にしているように思われる。その解釈は、ベルクソンをポスト・ダーウィニズム生物学へと結びつけるものである。

第2章　プロセス、ナラティブ、パフォーマンス　　59

惑星で生き、動くかぎり、私がその渦中にあり、パフォーマンスを通じてそれに与るかもしれない気候的時間性と気候政治学の時間性がすでにある。パンデミックと戦争もまたそれ固有の時間性を私に与えるものだが、それは人々やその身体のパフォーマンスを通してはじめて現実的であるような時間性であり、これが私のパフォーマンスに影響する。例えば、特定のコロナウィルス感染症が広がってゆく仕方の時間性や、ある軍の進攻によって創出される時間性を考えてみられたい。技術も他者も、この「時間の形成」において重要な役割を演じている。他者が動くその仕方は、私が感染するかどうか、私が殺されるかどうかといったことに影響する。こういう実存的でパフォーマティブ（行為遂行的）な文脈では、運動と時間とは生死に関わる問題である。私もまたパフォーマンスを行い、これもなにがしかの影響を持つ（例えば、抵抗のパフォーマンスであることを意図した言葉や身体運動を考えよ）が、これらのパフォーマンスは、私のそれよりも大きなプロセス、物語、パフォーマンスへと参加している。私の生成とパフォーマンスは、より大きな生成とパフォーマンスに参加するのである。他者と、そして技術と一緒に、私は時間的・実存的なプロセスへの参加者となり、実存をかたちづくる物語の共著者となり、時間の共同遂行者（共演者）となる。このプロセス的＝ナラティブ的＝パフォーマティブな仕方で、私は生成し、創発するのだ。それにもかかわらず、私が自分のテクノパフォーマンスと時間形成に対して共＝責任を負うことにかわりはなく、私の生成に責任を負いつづける。

【時間のテクノパフォーマンスの政治性】

　時間のテクノパフォーマンスの社会的次元はまた、テクノパフォーマンスが政治的プロセスであるということを含意する。すなわち、時間のテクノパフォーマンスは、具体的な人間たちが時間のなかで、特定のリズムで、特定の期間に、一緒に、そして互いに対して物事を行うというプロセスであり、そのプロセスでは、技術と、技術を介して他者とが、人間たちに権力を振るう。権力の次元はプロセス、ナラティブ、パフォーマンスの関係的次元に結びついてい

る。例えば、私はただ他者もともに執筆している気候物語に関与することができるだけであり、そこには他よりも力のある書き手がいて、彼らの物語がソーシャルメディアを支配する。パンデミックのなかで私はただ私のパフォーマンスをなしうるだけであるが、私の〈パフォーマンスとしての実存〉は、他者のパフォーマンスに左右される。さらに、誰かのパフォーマンス（例えばワクチンを摂取しない人々の徒党や、進攻する軍隊）は、他のパフォーマンスよりも大きな影響力を行使し、これが私のパフォーマンスに影響を与えもする。

　権力の充満したこうしたプロセスに技術とメディアは一枚噛んでいて、このプロセスのなかでテクノパフォーマンスは政治的になる。こういった政治的な側面は明らかだと思われるかもしれない。例えば、コロナウィルスに関するテレビ報道は、街での私のパフォーマンスに影響を及ぼす。戦争のリズムもまた私の時間と経験に影響する。朝めざめてから新たな記事がないか、スクロールしてチェックする場合などがそうだ。日常生活のなかで私が自分の時間をどう過ごすかは、他者のすることや、私の個人的な生活の時間的構造を超えた関連する時間的構造によってかたちづくられているのである。だが、テクノパフォーマンスが私と私の時間にもっと微妙な仕方で権力を振るうこともある。例えば、電子カレンダーやソーシャルメディアでの投稿、Ｅメール、デジタルメッセージなどを介したそれである。これもまた権力に関わるものだという意味では「政治的」である（この点については次節でもう少し言葉を足すつもりである）。政治的な意味合いを持つナラティブ、パフォーマティブな構造、様々なレベルでの他の時間的構造が私たちの時間のパフォーマンスを支配しており、その筋書きを決めているのであって、それらは私たちの時間性と実存と共＝実存とを、技術を通じてかたちづくっているのである。例えば、デジタルソーシャルメディアも、これらのメディアを介して他者も、関連するナラティブやパフォーマンスに影響を与えることによって、気候危機とは何であり何を意味するか、パンデミックは何を意味し、戦争は何を意味するかをともにかたちづくっている。それらはまた私の日常の時間とパフォーマ

第2章　プロセス、ナラティブ、パフォーマンス　　61

ンスにともに影響を与え（ようとし）、これをかたちづく（ろうとす）る。例えば、私の旅行の仕方を考えてみればよい（自動車ではなく公共交通機関を使う、飛行機ではなく電車を使う）。こうしたどの変化も、日々の暮らしのなかで私が時間に関係する仕方に関わる重大な変化であろう。

　技術とメディアの役割を強調したからといって、人間の果たす役割を小さくしようというわけではない。私たちの技術とメディアが権力を持ちうるのは、人間のパフォーマンスを通して・のみである。私たち自身のパフォーマンスを通して直接的に権力を持つ場合もあれば、私たちが（他のではなく、ある）特定のパフォーマンスをすることを欲する誰かを通して間接的に権力を持つ場合もある。例えば、ミーティングを設定するカレンダーを考えてみればよい。ミーティングは身体的・時間的な側面を持つパフォーマンスである。オンライン・ミーティングにおいてさえ、私たちは身体を具えた生成者として、身体を具えたプロセス＝内＝精神としてこれを実行するのである。さて、このようなケースでは、カレンダーは私のパフォーマンスと運動を支配するのだと言うことができるだろう。関連する諸々の時間性が、カレンダーによって、そして私たちのパフォーマンスを通してかたちづくられるのである。その意味で私たちはこの技術によって支配されているのだが、どのようにしてだろうか。(1) 私たちのスケジュールを変更するようなパフォーマンスを誰かが行わねばならない。すなわち、言葉の使用を始めとするパフォーマティブ（遂行的）な行為（例えば Zoom のリンクを仕込んだ Eメールを送信するといったテクノパフォーマティブな行為を考えてみられたい）を通じてデジタルカレンダーをつくり、私たちにある特定のパフォーマンスを行わせるのでなければならない。そこには共有カレンダーを集合的に使用するということ、すなわち人間がこれを使用するということが含まれる。(2) ついで私たちはこのカレンダーに基づいてパフォーマンスを行わなければならない。私たちのパフォーマンスのなかで、またそれとともに、私はカレンダーの時間的でパフォーマティブな構造化に従わなければならない。要するに、私たちは実際に会わなければならないし、そのためにミーテ

ィングに出かけねばならない。デジタルカレンダーに応じたパフォーマンスをこなさねばならないのである。要約して言えば、技術によってだけでなく、人間がこのように参加することによっても権力は行使されるのである。権力はパフォーマンスとして行使される。技術によって媒介されているとしても、私に対して行使され、私によって行使されるのだ。技術とメディアは他者が私の時間をともにかたちづくることを可能にするが、しかしこれもすべて私のパフォーマンスに左右されることなのである。

【テクノパフォーマンスとしての実存】

　テクノパフォーマンスにこうして人間が参加することは、私たちがテクノパフォーマンスに対して責任を負いつづけることを可能にし、またこれに抵抗することを可能にする。技術決定論や社会決定論[*92]というものが本当だとしたら、そういうことにはならないだろう。だが、テクノパフォーマンスには人間の参加が必要である以上、抵抗は原理的には可能なのである。実際には抵抗することは難しいかもしれない。例えば、カレンダーの技術は抵抗を困難にしている。他者たちが私たちにしてほしいことは、カレンダーや関連するテクノパフォーマンスのなかにすでに埋め込まれ、一体化してしまっているからである。カレンダーは（私たちのテクノパフォーマンスの）時間に対する特定の構造化を助け、これを促進するのである。これに反抗するには、相当の努力と勇気、そしておそらくはまた、他の権力を存分に伴った他のパフォーマンス、カウンターテクノパフォーマンスが必要である。私たちのパフォーマンスが他者によって、技術によって管理され、構造化される仕方が気に食わないなら、私たちは自発的にそれとは違った仕方で時間を形成しなければならない。自分たちの時間が管理され、指導され、筋書きを決められる仕方に、すすんで抵抗しなければならない。技術とメディア

＊92　（訳注）技術決定論は、技術は自律的に発展し、人間や社会のあり方を決定するという考え。社会決定論は逆に、社会が技術のあり方を決定するという考え。

は、私たちが参加するテクノパフォーマンスの形式においては、こうした抵抗をいっそう難しいものにする。というのは、それらは私たちの時間をあらかじめ構造化しており、そうして私たちの時間性や日常の実存をかたちづくっているからである。こうして時間のテクノパフォーマンスは権力関係を伴い、確立し、維持するのであって、人間と技術とはそのなかで重要な役割を担っている。そしてこのことは実存的で社会的な帰結を持つ。私の仕事のみならず、また私の生活と私の生活時間（単に生活世界が、ではない）もまた、全体としてこれらのテクノパフォーマンスによってかたちづくられているのである。このことは、私の時間、私の生活、私の実存をかたちづくっているのは誰なのかという問題である以上、政治的な重要性を持つ。

　技術やメディア（の使用）に焦点を置く場合、他者が私の時間をかたちづくっているということ、そしてどのようにそれをつくっているかは、必ずしも明白であるというわけではない。こうしたパフォーマンスにおいては技術が一種のアクターとして現れる一方で、アクターとしての人間や利害関係者としての人間は視界から消えてしまう。だから、私に何かをするのは技術のほうだという経験を持つこともあるかもしれない。

　その経験は部分的には正しい。技術は共同遂行者（共演者）であり、私のパフォーマンスの時間性を構造化するからである。デジタルテクノロジーはあるていどの自動化を可能にするものであり、この意味で非常に大きな力を持っている。私は、私が自分のカレンダーによって動かされているのを経験する。カレンダーが私に別のミーティングに向かう必要があると教えてくれるのである。そしてこの影響は私の生活と実存の全体に広がり、私の生活と実存の全体は、より広範な社会的文脈、ナラティブの文脈の条件のもとで、急きたてられ、不安になり、そして疲弊する。カレンダーと電話はどんな境界をもものともしない[93]。一日の仕事が終わって自由時間に移っても、スマートフォンは私に連絡を断つ覚悟を許さない。技術を通して、応答し、素早く動き、パフォーマンスを発揮できる状態にあることが私に期待される。デリバリーと一緒である。オフィ

スはどこにでもある。私は自分の生活のなかを動くが、私はまた自分の生活のなかを動か・さ・れ・る。私がインタラクションするデジタルテクノロジーによってその動きはかたちづくられているのだ。確かに、原理的に言えば私がスマートフォンを持ち歩かないこともできる。それは私の自由である。だが、技術でありメディアであるスマートフォンは、私にそうさせてくれない。そしてスマートフォンを通してまた別の特殊な技術、例えばデジタルカレンダーが私に権力を行使する。あるタイプの時間のパフォーマンスが助長され、他のタイプのそれは抑制される。私は他の仕方ではなくこの仕方で動くことを促されるのである。

こうした運動は、他の運動とインタラクションし、影響を受ける。すなわち、私の身体の運動、自然や宇宙の運動、そして他の人々の運動である。「生体時計」や、それ自身も動くがそれによって私たちを動かしもする他の多くの「時計」を考えてみられたい。さらに、デジタルテクノロジーは、あたかもそれがもはや身体や身体的運動を伴っていないように解釈されることもあるが、技術を用いるときには私たちはつねに動くのであり、また技術によって特定の仕方で動か・さ・れ・るのである。例えばデザイナーは、私がスマートフォンで特定の OS を用い、特定のアプリを使うためにしなければならない身体動作の構成を決める。私がスマホを操作したいなら、私は他の仕方ではなく、まさにこ・の・仕・方・で・動・か・ね・ば・な・ら・な・い・のである。デザイナーはこうして私のテクノパフォーマンスの筋書きを決めてしまっている。私はまた、特殊なメディアのリズムに従う。例えばデジタルソーシャルメディア（その各々がそれ独自のリズムを持っている）のリズムであり、これが私を落ち着かなくする。年輪から読みとれるような、あるいは古代にできた氷塊のなかに含まれていた空気の分析から読みとれるような地理学的変動・歴史的気候変動といったものの持つ、科学的に媒介されたゆっくりとしたリズ

＊93　（原注）社会学者エビエタ・ゼルバベルの方法論を用いて、エルピダ・プラソプルらは、モバイルフォンがいかに別々の時間空間を隔てる境界を乱すものであるかを分析した。Prasopoulou, Pouloudi, and Panteli, "Enacting New Temporal Boundaries: The Role of Mobile Phones."

第2章　プロセス、ナラティブ、パフォーマンス　　65

ムは、私の従うリズムではない。このような知識を生み出すのも科学的なテクノパフォーマンスであるが、それは同時に、私自身のテクノパフォーマンスに対して時間的な構造を潜在的にかたちづくりもする。私が気候に対して影響の少ない食物を買うときにスーパーで見せるテクノパフォーマンスを考えてみればよい。メディアはメッセージである[94]が、テクノパフォーマンスの形式においてはメディアは私の時間であり、メディアは私の実存であると結論することもできるだろう。

　技術はこうして、私の時間や私たちの時間をも含めて、時間をかたちづくるのに重要な役割を果たしている。だが、このことは、私たちは責任を逃れてよいとか、政治的な次元を無視してよいという理由にはならない。人間が参加するがゆえに、テクノパフォーマンスは人間的で政治的なものであり、またそうしたものでありつづける。そしてこのことが私たちに責任を課すのである。人間として、個人として、私たちは自分のテクノパフォーマンス、テクノパフォーマンスを構造化するナラティブ、テクノパフォーマンスから創発する時間性と実存、私たちのそれや他者のそれ——こうしたものに対して少なくとも部分的には責任がある。プロセス思考、ナラティブ思考、パフォーマンス指向的な思考は、時間形成における技術の役割と人間の役割の双方を私たちが概念化することを可能にしてくれるものであり、こうしたプロセスやナラティブやパフォーマンスの観点から責任について規範的に議論するための基礎を与えてくれる。

複数時間性と権力

【時間の多元性とその統合】

　上に提案された概念（プロセス、ナラティブ、パフォーマンス）を組み合わせると、二元論的な思考に陥らずにデジタルな実存について考えることができるようになる。これらの概念が教えてくれる

---

*94　（訳注）本書18頁を参照（「メディアはメッセージなのである」）。

のは、デジタルな時間とデジタルな実存について考えるためには、技術と人間を対立させたり、主観的時間と客観的時間を対立させたりすることは必要でもなければ望ましいことでもないということである。もちろん、こうした緊張が経験されることもあるだろう。それは日常生活の現象学の部分になってしまっているのだ。私たちの経験は、依然として大部分は、二元論的で非プロセス的な近代的思考によって支配されている。近代的思考は相変わらず経験され、反復され、行なわれつづけている。だが、より根本的なレベルでは、デジタル経験、デジタルプロセス、デジタルパフォーマンスそれ自体を非二元論的な仕方で理解しなければならないし、主体であると同時に客体でもあり、互いに解きがたい関係にあるようなものとして理解しなければならない。緊張それ自身は存在論的には一次的ではなく、むしろデジタルテクノロジーを通した意味形成のプロセス、ナラティブ、パフォーマンスのなかで生み出されるのである。主体と客体はテクノパフォーマンスとナラティブのプロセスのなかで構成され、そのプロセスから創発するのであって、特定のケースではそのプロセスから緊張が創発することもあるというにすぎない。究極的には、時間それ自体、正確に言えば諸々の特定の時間もこうしたプロセスから創発する。時間は所与のものではなく、技術的なプロセスをその一部とするようなプロセスからつくられ、創発するのである。そして、時間はそのプロセスそのものでもある。例えば、デジタルカレンダーのケースでは、技術と時間とを切り離すことはできない。だから、プロセス思考にナラティブやパフォーマンスの概念を組み込むことは、時間、技術、実存についてなされるプロセス思考をさらに展開するのに役立つのである。

　さらに、こうした諸概念は、時間の多元性を強調する説明とも折り合いがよい。時間の多元性をテクノパフォーマティブなプロセスの多元性という観点から概念化してみよう。おそらく、時間の多元性はテクノパフォーマティブなプロセスから創発するのであり、このプロセスが様々な時間性を結びつけるのである。

　どういうことか。様々な時間があり、複数の時間性があり、様々なスピードがあるということはこれまでも論じられてきたが、それ

は正当なことであった。例えば、アドリアン・マッケンジー[*95]は、すべてが一様に加速するというのではなく、スピードには違いがあるのだと論じた。私たちはスピードの違いを感じるのであって、スピードそのものを感じるのではない[*96]。ジュディ・ワイスマンとナイジェル・ドッド[*97]は、集団によって加速の度合いが異なるかどうかを問うた。ある集団は「スピードをリソースとして流動化することができるが、他の集団は周縁に追いやられ、排除される」[*98]。また、バーカーは、私たちがデジタルシステムとインタラクションするとき、多数の時間とリズムとが生産されるということを見てとっている。デジタルな時間性は、例えばデジタルソーシャルメディアの文脈でたくさんのちりぢりの瞬間を伴っている場合には「濃い」[*99]。さらに、過去からのデータは現在において「合成」される[*100]。過去が特定の仕方で再び現前させられるのである。

　ところで、バーカーが用いているのはプロセス哲学のアプローチである。このアプローチをパフォーマンス指向的なアプローチと結びつければ、異なったパフォーマンスが異なった時間をどう創出するのか、またこうした諸々の時間をどう引きあわせるのかを示すことができる。例えば、気候変動や人新世について知るためにデジタルメディアを用いることは、地質学的な時間と気候的な時間を、生活時間、社会時間、文明時間と引きあわせることである。パンデミックと戦争もまた異なった時間、例えば時計によってかたちづくられる私の一日、当該感染症の伝播の時間性、軍の侵攻の時間性といった様々な時間性を生み出している。デジタルプロセスとデジタルパフォーマンスのなかで、時間の多元性と、「濃い時間性」とでも

＊95　（訳注）アドリアン・マッケンジー（Adrian MacKenzie）は科学技術研究、メディア論、文化論などを専門とするオーストラリアの社会学者。

＊96　（原注）MacKenzie, *Transductions*, 122.

＊97　（訳注）ジュディ・ワイスマン（Judy Wajcman）とナイジェル・ドッド（Nigel Dodd, 1965-2022）は、ともにイギリスの社会学者。

＊98　（原注）Wajcman and Dodd, *The Sociology of Speed*, 1-2.

＊99　（原注）Barker, *Time and the Digital*, 29.

＊100　（原注）Barker, *Time and the Digital*, 19.

呼びうるものの形式が創出されうるわけである。気候変動の観点から見た私たちのデジタルな実存は今だけに関わるのではなく、また未来にも関わる。おそらくたくさんの未来があり、たくさんのシナリオがあるのだ。ありそうなパンデミックのシナリオや戦争の未来を考えてみよ。すべては技術と私のあいだに現在おこなわれているインタラクションのなかで、私の日常時間において、私たちの生活時間において、私たちの時代において、合流する。同様に、AIやデータサイエンスは過去を現在にもたらし、過去を再＝現前化するだろう（そしておそらくは未来を予言する）。私のテクノパフォーマンスがソーシャルメディアのホットで濃い今のなかで生じる場合、それらのテクノパフォーマンスは数多くの「今」の合成（共時性？）を伴うだろう。例えば、戦争の濃くてホットな現在は、ソーシャルメディアによって現前化され、スクロールしたりクリックしたりといった私のパフォーマンスから創発するものとしてある。この現在は、諸々の歴史や未来の諸々のシナリオが吸い寄せられる強力なブラックホールのようなものである。戦争が何「である」かは、現在起こっていることだけで決まるものではなく、過去を解釈し、未来を想像するという問題でもある。テクノパフォーマンス（例えば、戦争に関する自身の意見を投稿する人々）を通して、技術によってかたちづくられた「いま」にすべてが流れ込むのである。私たちはデジタルメディアによってかたちづくられ、また多様なデジタルメディアを通じてパフォーマンスを行い、多様なデジタルメディアによってその筋書きを決められ、指揮されて、数多くの現在のホットスポットに生きている。そしてすべての現在が、私たちの時間、技術と私たちの時間を伴うタイムパフォーマンス、他者とのタイムパフォーマンスのうちで落ちあうのである。デジタルメディアとインタラクションするとき、私たちは本当はマルチタスクをこなしているのではおそらくない。しかし、デジタルメディアにおいて行われ、またデジタルメディアを通して行われるテクノパフォーマンスがマルチテンポラル（複数時間的）であるのは確かである。すなわち、こうしたパフォーマンスのなかで、複数の時間性が交わるのだ。このことは、少なくとも、デジタルな実存がどうして

第2章　プロセス、ナラティブ、パフォーマンス　69

消耗的であると同時にエキサイティングであるかを説明するひとつの理由となりうるだろう。私たちがこうした技術やメディアとインタラクションし、それらを用いたパフォーマンスを行うとすれば、私たちはいくつかの世界を生きるだけでなく、異なった複数の時間を生きることにもなるからである。

　しかし注意してほしい。デジタルな時間の多元性について語ることは、アナログな時間に対立するような「デジタルな時間」があるということを意味するものではない。ここでもまた、私たちは非二元論的な見方を維持しなければならない。生活世界の空間に対立するようなサイバー空間があるのではないのと同様に、生活世界の時間に対立するようなデジタルな時間や「サイバー時間」があるわけではない。私たちは複数のデジタルな時間のなかを生きているのである。空間の多元性があり、時間の多元性があって、それらは結びついている。プロセス指向的なアプローチをとれば、私たちはデジタルと非デジタルとはどちらも同じプロセス、同じ生成の部分なのだと言うことができる。「サイバー時間」を他の時間から切り離された時間として考えれば、時間を空間的かつ二元論的な用語で考えることになってしまう。しかしそう考えてはならないのだ。異なった諸時間は、プロセス、ナラティブ、パフォーマンスの内部で交わり、結びつけられる。プロセス、ナラティブ、パフォーマンスが、デジタルとアナログ、オンラインとオフラインを交差させ、結びつける。はっきりと分かれた生活世界もはっきりと分かれた「生活時間」もない。両者は、デジタルなものによってすでに変容しており、デジタルなものは生活空間であると同時に生活時間でもある。この意味で、プロセス、ナラティブ、パフォーマンスとして理解されたデジタルな実存は、時間に関するプロセス思考によって概念的な統一を与えられる。同時に、ここで提案されている枠組みは、私たちがこうしたプロセス、ナラティブ、パフォーマンスの内部で連結しあう時間性の多元性を認識することを可能にしてくれる。

【時間のテクノパフォーマンスの政治的・規範的な側面】

　さらに、時間に関するテクノパフォーマンスの政治学と権力の次

元について私が述べたことは、ミシェル・フーコー[101]の仕事に結びつけることができよう。フーコーが示したのは、権力は単に市民と国家とのあいだの関係において生じるものではなく、社会制度と人々のあらゆる関係性のうちに浸透しているということであった[102]。時間のテクノパフォーマンスもまた権力関係を生み出すということはすでに示唆しておいた。例えば、テクノパフォーマンスは、私たちの時間を組織し、気候変動をいかに処理するかを決定する権力をある人々に与える。フーコーとともに、私たちはこのことを規律・訓練[103]の観点から理解することができる。人々はテクノパフォーマンス（例えばソーシャルメディア）を通じて他者を規律・訓練し、例えば気候変動、パンデミック、戦争といった観点から、彼らの行動を変えようとするかもしれない。さらに私たちはフーコーの「生権力」[104]という用語を用いて、身体がこういったテクノパフォーマンスによって動かされ、分析される仕方について語ることができる。デジタルテクノロジーは、パンデミック主体に対して、例えば新たな症例や死者数のデータの集積、分析、使用を通じて、生権力を行使するために用いられる。そしてこうした技術は戦争や気候危機において身体を動かすためにも用いられうる。最後に、自己のテクノロジーに関するフーコーの晩年の著作は、時間が抽象的な概念などではなく、「身体と魂、思考、振る舞い、存在の仕方」[105]に影響を及ぼすものであるということを理論的に考えるために用いられうる。このことはやはり、時間が権力を行使するために用いられるということを意味するが、また、時間が同時に私たち

---

*101　（訳注）ミシェル・フーコー（Michel Foucault, 1926-1984）は、構造主義の思潮を代表するフランスの思想家、哲学者。

*102　（原注）Foucault, *Power/Knowledge*.

*103　（訳注）「規律・訓練（discipline）」はフーコーが『監獄の誕生』のなかで用いた語。人間の行動に介入し、その身体を調教・矯正する、社会的・制度的な権力の働きを指す。

*104　（訳注）「生権力（biopower）」はフーコーが『知への意志』のなかで用いた語。相手の死を左右するという仕方で行使される権力に対し、規律や管理によって人々の生に介入することによって行使される、近代に特徴的な権力を表す。

を服従させ、私たちを（特定の）主体へとつくりあげるということも意味している。このこともまたデジタルテクノロジーの持つ実存的な影響を強調するのに役立つ。デジタルテクノロジーと、デジタルテクノロジーが可能にするテクノパフォーマンスは、単に道具や技術を用いた行動にすぎないというのではなく、私たちの身体と魂と私たちの存在の仕方をかたちづくるのである。それらは時間技術であり、また技術を介した私たちのパフォーマンスを通して、自己のテクノロジーともなる。例えば私の「身体と魂」とは、パンデミックや戦争について書かれた記事を読むために私がスマートフォンを決まって用いるということによって影響を受けるだろう。私はより不安やストレスを感じやすくなる。それで例えば、ランニングアプリや瞑想アプリなどといったデジタルテクノロジーを用いて自己の規律・訓練を試みるといったこともありうるのだ。

　時間のテクノパフォーマンスの政治的次元を理解するためのもうひとつのソースは、やはりオースティンやサールやバトラーらによって提案されたパフォーマティブ（行為遂行的）なアプローチにある。彼らは、言語は単に事実であるものに関わるだけではなく、何かをすること、世界を変えることにも関わっているということを教えてくれた。これはまた技術とテクノパフォーマンスにも言えることである。そして、テクノパフォーマンスのプロセスや出来事から創発する、時間や実存に対する関係についても言えるのだ。これまでの論述から、なぜ、またどのように技術やテクノパフォーマンスがパフォーマティブであるのかは明らかになった。プロセスもパフォーマンスも、それらから創発する実存的な意味も時間性も、規範的に中立的ではない。（時間の）テクノパフォーマンスは私たちに対して何かをするのであり、世界をかたちづくる。プロセスやパフォーマンスといった形式において、時間それ自体がパフォーマティブである。時間のテクノパフォーマンスは権力の行使でもあり、そ

＊105　（原注）Foucault, *Technologies of the Self*.（フーコー『自己のテクノロジー　フーコー・セミナーの記録』田村俶・雲和子訳、岩波書店、2004、p. 20）

こには倫理的な含みも政治的な含みもある。例えば、「気候危機」について書かれた記事を読むために、あるいは投稿するために、ソーシャルメディアを私が使うことは、政治的なナラティブと意味を含み、それ自身が政治的な意味合いを持つパフォーマンスである。さらに、時間形成には集合的で公共的な側面もある。時計によって統制されたパフォーマンスのような、時間の集合的なテクノパフォーマンスもある。テクノパフォーマンスは私たちの時間を組織し、私たちの時間への関係を組織する。この意味でもまた時間のテクノパフォーマンスは政治的である。

　さて、テクノパフォーマンスが実際に政治的であり、私の物語と生活時間が、それどころか私たちの物語や私たちの生活が、（デジタル）テクノロジーのプロセスや出来事によってかたちづくられているとすれば、そしてもし私が、あるいは少なくとも私たちがこうしたプロセスや出来事に対する影響力を幾分かは持ち、またそれに対する責任を幾分かは持つのなら（私はそう示唆した）、次のような問いが生じてくる。こういった時間のテクノパフォーマンスを私たちはどう評価すればよいのだろうか。時間のテクノパフォーマンスの倫理はどのようなものだろうか。デジタルテクノロジーを前提とした場合、時間への善い関係とはどのようなものだろうか。善い時間、善いナラティブ、善い実存とはそもそも何だろうか。そして、これは私の時間（生活時間）だけの問題なのだろうか。それとも、私たちは共通の時間と共＝実存、とりわけ、共通の地域的な課題や、気候変動やパンデミックのような特にグローバルな課題といった観点から論じることができ、また論じるべきなのだろうか。誰が私たちの時間のテクノパフォーマンスをかたちづくるのか。また、そうかたちづくることを私たちは誰に許可するのか。いや、この人生、この社会、そしてこの惑星で、誰が私たちの実存と共＝実存をかたちづくるのか。そしてまた、私たちは誰にこれをかたちづくることを許可するのか。

第 3 章

人間的年代における共通時間を求めて

善き時間、同時代化、そして気候変動時代における
グローバルな共＝実存の政治

概要　この章では、時間のテクノパフォーマンスに関する倫理およ
び政治について探求する。善きプロセス、善きナラティブ、善きテ
クノパフォーマンスとは何であるのか。善き時間とは何であり、意
味のある存在とは何であるのか。私たちはどうすれば共通時間を見
つけ、善き共＝実存のあり方を発展させることができるのだろう
か。本章ではまず、倫理について考察するが、そこでは徳倫理の個
人主義的解釈を乗り越える。そして、ボルグマンによる「焦点とな
る機会（focal occasions）」の概念と関連づけてミレーの絵画『晩
鐘』を論じることで、善き時間とは何であるかを探求し、常にすで
に規律・訓練されている、時間のテクノパフォーマンスの非ロマン
主義的倫理について論じる。今日の私たちにとって、共＝実存やカ
イロス（適切な時期）が産まれる契機を創り出す、新たなテクノパ
フォーマンスが必要である。しかし、これが地球規模の、例えば、
気候変動の文脈で何を意味するのかは明らかではない。ここでは、
例として「気候時計」の例が議論される。次に、この章はテクノパ
フォーマンスの政治性に目を向ける。ここでは、時間の政治に関す
る文献に応答することで、時間の創造が政治的であることを示す。
そして、どうすればより多くの共時性、特に非資本主義的な共時性
を実現できるかを問う。そして、政治が、共通空間を見出すことだ
けでなく、共通時間を見出すことでもあるということを論じる。こ
の章では、人間的年代の思考と呼ばれるものにも疑問を呈し、私た
ちが非＝人間やそれらの時間、時間性にも応答すべきだと論じる。
この考えを発展させるにあたり、特に先住民文化を含む他の文化か

ら学びを得ることができる。さらに、地質学などの自然科学も、私たち自身の時間を（文脈化とのアナロジーで）「同時代化する（contemporalize）」助けとなる。私たちは長期的な視点をとるべきだが、トランスヒューマニストが言うような長期主義（longtermism）は避けなければならない。アーレントの精神に従い、この章では新たな始まりを呼びかけることで締めくくる。私たちは、新たなダンス、新たな共時性がかたちづくられることを支援しなければならない。人類学の成果や新たな技術がその役に立つはずである。課題となるのは、変わりゆく時代の中で、善き時間と共通時間を見出し、テクノパフォーマンスをすることである。

> **キーワード**：ロマン主義、ボルグマン、カイロス的政治、共時性、人間的年代、長期主義

カイロス：善き時間と意味のある存在

【善き時間のパフォーマンスとは何か】

　時間と存在をデジタルテクノロジーとの関係のもとで理解するにはここまでの議論が役に立つ。デジタルの時代において、デジタルテクノロジーやデジタルメディアとともに生きるということの意味をプロセスやナラティブ、パフォーマンスという用語を用いて概念化することができる。私たちのデジタルな存在は、デジタルメディアやデジタルテクノロジーが中心的な役割を果たすプロセス、ナラティブ、パフォーマンスに参加することに関わっており、またそれらから生み出されてくるものでもある。つまり、デジタルなテクノパフォーマンスとそれに関連するプロセスやナラティブを通じた生成の問題である[1]。しかし私は、時間のテクノパフォーマンスに規範的な側面があることをすでに指摘した[2]。このことは、デジタルな存在と共＝実存に関する倫理と政治に関わるさらなる問題を

---

[1]　（訳注）本書31-2頁を参照。
[2]　（訳注）本書70-3頁を参照。

提起することになる。

　まずは倫理から始めよう。善きプロセスや善きナラティブとは何であるか。技術を用いたパフォーマンスの善いあり方とはどのようなものか。善き生成とはいかなることか。時間の善きパフォーマンスとはどのようなことか。善きデジタルな存在、意味のあるデジタルな存在とは何であるか。このような問いは、古代からある善き生に関する問い、つまり、エウダイモニアに関する問い[*3]を思い起こさせるが、今では次のように問い直される。「善き時間」とは何であるか。例えば、デジタルテクノロジーとともにある善き時間とは何であるか。「気候危機」やパンデミックの時代における「善き時間」とは何であるか。

　デジタルテクノロジーに照らして、時間と存在に関する倫理について考えるための最初のアプローチとしては、善き生に関する古代の倫理と結びつけて、加速や不安に関する主張に対して、より優れた人間やより優れた人格が必要であると提案することで応答するアプローチが挙げられる。例えば、私たちが物事を加速させすぎているのではないかという懸念に対して、忍耐（patience）の徳が叫ばれるかもしれない。シャノン・ヴァラー[*4]は、その著書『技術と徳』のなかで忍耐の徳について言及している[*5]。ヴァラーの著作は、デジタル時代にどのような徳が必要かを考察する課題を提示している点で重要である。しかし、よりいっそうの忍耐を求めたり、加速を緩めようなどと求めたりするのは悪いことではないにせよ、そうすることでかえって、徳倫理が個人主義的に解釈されたり、社会的および政治的な問題が見落とされたりしてしまう（次節93頁以降を参照）。人々に個人の性格をより徳の高い方向へと変化するように求めるにもかかわらず、そのような変化に反する広範な社会構

---

* 3　（訳注）エウダイモニア（eudaimonia）は、古代ギリシャにおいて究極的な善きものや最高善を指す言葉として用いられた用語であり、「幸福」や「福祉」の意味でも用いられる。

* 4　（訳注）シャノン・ヴァラー（Shannon Vallor）は技術の哲学や AI やロボットの倫理などを専門とするアメリカの研究者。

* 5　（原注）Vallor, *Technology and the Virtues.*

第3章　人間的年代における共通時間を求めて　　77

造をそのままにしておくことには問題がある。例えば、資本主義の秩序が私たちにさらにスピードを上げることを促し、デジタルテクノロジーが絶えず私たちに加速させようと迫ってくるなかで、どうやってスピードを落とせばよいというのか、というのがそれである。

　さらに、技術倫理への伝統的なアプローチは、技術を単なる道具的なものとして扱う傾向があり、人間の倫理に焦点を当てるが、デジタルテクノロジーが存在や時間と具体的にどのように絡み合うかには注意を向けていない。私はこのような絡み合いを、時間についてのプロセス、ナラティブ、テクノパフォーマンスとして記述した[6]。例えば、ポスト現象学など現代の技術の哲学や、ここで提案された技術へのプロセスアプローチ[7]は、人間と技術、目的と手段とを明確に分離するような、技術についての道具主義的ないし二元論的な技術の考え方に疑問を投げかけることを可能にする。技術は倫理的にも政治的にも中立ではなく、技術的プロセスやテクノパフォーマンスという形で、私たちの生活や社会、存在を形成している。私たちの「目的」は、私たちの言語的パフォーマンスから生まれるだけでなく、私たちのテクノパフォーマンスや、これらのパフォーマンスが埋め込まれた、より大きなプロセスやナラティブからも生まれる。デジタル時代における時間との関係の変化を望むのであれば、人間に変化を求めるだけでは不十分である。私たちの生活や存在を構成するプロセスやナラティブ、パフォーマンスをかたちづくる技術を含め、プロセスやナラティブ、パフォーマンス全体を変えなければならない。そこで問われるのは、以下のことである。プロセスをどのように変え、どの方向へと向けるべきか。どのナラティブが善いのか。私たちにとって、今とは異なる方法で、おそらくは今とは異なる技術を用いて、時間を創り出し、時間のパフォーマンスを遂行することが可能だろうか。

＊6　（訳注）本書66-70頁を参照。

＊7　（訳注）プロセスアプローチにおいて、私たちや世界はモノとしてではなく、流れのあるプロセスとして捉えられる。詳しくは本書第2章を参照。

ひとつの選択肢は、デジタルテクノロジーに代わって、より古い技術を用いることである。アルバート・ボルグマン[*8]は、『技術と現代生活の特徴』の中で、「焦点となる事物や実践」に私たちが注意を払う必要性を提唱している[*9]。デジタルテクノロジーやその他の現代的な技術は、事物や他者とのあいだに距離を作り出し、丁寧で意味のある関係の構築を妨げる。私たちはそれらテクノロジーを使うのではなく、事物と関わり合い、他者とインタラクションするべきなのである。サイバースペースに関する記事[*10]で、ボルグマンは、彼が「焦点となる機会」と呼ぶ、荒野でのキャンプファイヤーや音楽の夕べといった意味のある機会を受け入れることを提案している。彼はこのような機会を、以下のような命題を肯定できるという意味で、人生の意味が焦点化され鮮明になる瞬間として規定している。

1．自分がいたいと思うのはこの場所をおいて他にない。
2．自分が一緒にいたいと思うのはこの人をおいて他にない。
3．自分がしたいと思うのはこのことをおいて他にない。
4．このことをはっきりと覚えておくつもりである。

ボルグマンによれば、このような瞬間こそ、古代ギリシャ人が「カイロス（kairos）」[*11]と呼ぶ、幸運に恵まれる瞬間（auspicious moment）と関係している。焦点となる機会はあわただしい時の流れの中で際立つものであるが、カイロスよりも定期的に訪れるものである。また、これらの機会は共同体的でも、ローカルなものでも

[*8]　（訳注）アルバート・ボルグマン（Albert Borgmann）は技術の哲学を専門とし、特に技術に対する批判的立場（「反技術派」）をとることで知られるアメリカの哲学者。

[*9]　（原注）Borgmann, *Technology and the Character of Contemporary Life.*

[*10]　（原注）Borgmann, "Cyberspace, Cosmology, and the Meaning of Life."

[*11]　（訳注）「カイロス（kairos）」は、古代ギリシャで使われた時間の概念で、適切な瞬間や機会を指す。時間の量的な側面や物理的時間を表す「クロノス（chronos）」と対照的に、時間の質的な側面や主観的時間を表す際に用いられる。

ある。そして、当然のことであるが、焦点化されるという特徴をもつ。ボルグマンは、焦点となる瞬間をサイバースペースと対比させているが、彼に言わせれば、サイバースペースは私たちの注意を甚だしく散逸させるものである。携帯電話は、私たちの焦点となる瞬間を妨げ、その焦点を散逸させてしまう。私たちは、焦点となる機会、すなわち、「情報機器の干渉を受けない」時間を創造する必要がある。とはいえ、ボルグマンがそれら情報機器による情報提供を受け入れているように、私たちはそのような機器を完全に取り除く必要があるわけではなく、あくまで常用することを差し控えるべきなのである。焦点となる機会と焦点となる時間を私たちが過ごせるように、そうした機器がない時間をもつことが必要なのである。また、こうした機器がなければ、善き時間を過ごすことができると言うこともできる。本書の前半で私が提案したように、もしテクノパフォーマンスが善いものであれば、そこから善き時間が生まれるのである。例えば、キャンプファイヤーや音楽制作の技術や技法は、善き時間をもたらすテクノパフォーマンスを可能にする。あるいは、少なくとも、カイロス的な倫理的瞬間を迎える可能性を高める。さらに、こうした瞬間こそ、デジタルメディアやAI、他の様々なデジタルテクノロジーによる現前化や再現前化とは対照的に、本当の意味での現在を構成しているという点を、ボルグマンの分析に付け加えてもよいかもしれない。つまり、焦点となる機会においてこそ、人は注意を散逸させられることなく、その瞬間、他者に対して、そして自分自身に対して、現前しているのである。

　これを達成するもうひとつの方法は、自分自身の身体に集中することである。古来より*12、自らの呼吸に集中するという技法があるが、これにより「焦点化」をいっそう促し、マインドフルネス*13へと至ることができる。これにより、身体の自然なリズムのひとつであり、身体の重要な時間性のひとつでもある呼吸へと（再

---

*12　（原注）ヒンドゥー教、仏教、ヨガ、マインドフルネスの歴史について検討してみよ。

*13　（訳注）本書14頁を参照。

び）つながり、現在に（再び）回帰することができる。これは現在
へと意識を向けるパフォーマンスである。また、これは内と外、自
分自身と世界との間に流れを生み出すという、関係性のパフォーマ
ンスを遂行する方法でもある。デジタルテクノロジーは私たちを、
他者や世界との関係に対する意識や、身体を持ち、生きて呼吸する
存在であるという意識、そして、私たち自身や私たちが自然と呼ぶ
ものへの意識から切り離す傾向がある。また、人間の身体や、呼吸
を含むその身体の機能を無視したり、あまつさえ悪影響を与える傾
向もある[*14]。デジタルテクノロジーは、二元論的に距離を生じさ
せるような仕方でパフォーマンスさせられる限り、身体から離れる
というプラトン的な夢や、「私」という抽象の中に閉じこもるとい
うデカルト主義的な運動の実現を可能にするようにも見える。これ
らの考えでは、まず身体と心を事物として概念化し、次に心を「解
放」するように両者を分離するのである。トランスヒューマニスト
は、デジタル空間に心を「アップロード」するという考えを抱く
際、これと同じようにパフォーマンスしようとしている。だが、彼
らは傷つきやすさに対処しようとして、生命そのものを消失させる
という代償を負うのである。対照的に、個人で行う場合であれ、他
者とともに行う場合であれ、呼吸に集中することは、まったく正反
対の考え方を意識することに貢献する。すなわち、生命をプロセス
や関係性として肯定し、一にして全であるという意識をもつことが
できる。こうした分析は意味があるものであるが、部分的に、現代
の技術に対するロマン主義的な反動や、かつての良き時代であった
頃のエデンの園[*15]への憧憬へと移ろいやすい。現代のデジタルテ
クノロジーの時間性に対するボルグマンによるカイロス的な倫理に
もとづく批判は、近代的な時間管理に抵抗する議論の長い伝統の中

[*14] （原注）呼吸には測定可能な物理的影響があるようである。経験的研究に
　　　よると、スマートフォンの長時間の使用は、姿勢や呼吸機能に悪影響を及
　　　ぼす可能性が示唆されている。Jung et al., "The Effect of Smartphone
　　　Usage Time on Posture and Respiratory Function."

[*15] （原注）技術以前の、エデンの園に対するこのような批判は、ドン・アイ
　　　ディの議論と一致している。

第3章　人間的年代における共通時間を求めて　　81

に位置づけられる。その考え方は、デジタルテクノロジーやインターネットが登場する以前から、クロックタイム（時計の時間）がすでに生活を加速させ、今まで私たちを専制的に支配し続けてきているというものである[16]。このことへの反動として、人は過去の時代に憧れを抱く。この憧れは、ロマン主義[17]によってかたちづくられた西洋的近代性の一部としてすでに存在している。マルセル・プルーストの有名な小説のタイトルにあるように、私たちは「失われた時を求めて」いる[18]。私たちは幼少期を懐かしむのと同時に、現に生きている世界の意味も求めている。これは、19世紀初頭にはすでに経験され、後にニーチェ[19]やその他の実存主義者によって診断されたことであるが、ニヒリズムや魔術からの解放に対するロマン主義的な反動である。これに対して、私たちは過去に戻りたいと思うかもしれない。しかし、そこでかのエデンの園を見つけることが果たしてできるだろうか。

【異なる時間のテクノパフォーマンスと時間的パフォーマンス】

　ジャン＝フランソワ・ミレーの絵画『晩鐘』について考えてみよう。この作品は、宗教への信仰心を表現しているだけでなく、農村における時間統制の体制（regime）と、それに関連づけられた時間性のパフォーマンスを表象（再＝現前）している。

　鐘の音と祈りの儀式が畑での一日の仕事の終わりを告げる。（この絵画から、）現代社会で長らく失われてしまったロマンティックな農村の時間性が想起されるかもしれない。しかし、これもまたテ

＊16　（原注）Zadeh, "The Tyranny of Time."

＊17　（訳注）ロマン主義は、知性を重要視する合理主義と対照的に、感性や想像力、主観性を重要視する考え方のもと18-19世紀ヨーロッパにおいて流行した芸術活動や運動のことである。

＊18　（原注）Proust, *In Search of Lost Time*. （マルセル・プルースト『失われた時を求めて』全14巻、吉川一義訳、岩波書店、2010-19）

＊19　（訳注）フリードリヒ・ヴィルヘルム・ニーチェ（Friedrich Wilhelm Nietzsche）はドイツ出身の哲学者、思想家。『悲劇の誕生』や『権力への意志』、『ツァラトゥストラはこう言った』など多数の著書が邦訳されている。

ジャン=フランソワ・ミレー作『晩鐘』
1857-59年、オルセー美術館、パリ

クノパフォーマンスである。というのも、(絵のなかには見えないが、鑑賞者に想像され、聞こえてきさえする)鐘が、他の農具を用いる仕事を中断させる時間技術だからである。鐘は、農民の一日の労働の時間性を構造化している。畑仕事を営む人たちが立っている様子は、産業化以前の時代にあってすでに、人々の時間と身体的パフォーマンスが統制されていたことを示している。しかし、それはおよそ人々を支配するほどのものではなかった。この絵画は私たちに、非近代的な、異なるテクノパフォーマンスと時間的パフォーマンス(tempo-performance)を示している[20]。ボルグマンの言葉を借りれば、焦点となるものであり、時間の具現化でもある。時間は技術に組み込まれ、パフォーマンスされる。このような時間性の形態は、登場人物(あるいは鑑賞者)を不快にさせるのではなく、むしろそこから癒しの感覚を生み出しているようにも見える。これは、共同のパフォーマンスの遂行であり、社会的な儀式でもある。

---

[20] (訳注)テクノパフォーマンスは、私たちの技術の利用が私たちの時間や実存をかたちづくるという時間によるパフォーマンスの遂行を意味する(本書33頁を参照)。他方、時間的パフォーマンスは、異なる時間性のパフォーマンスを現在の鑑賞者に再現前させるというパフォーマンスの遂行を意味する。

そこには、調和と共同性、そして、共＝実存がある。

この絵画は、それと同時に、過去の時代においても技術が時間をかたちづくる上で重要な役割を果たしていたことを気づかせてくれる。このような農耕社会では、人々もまた技術によって統制されていた。ストーンヘンジやアステカの暦から、今日のコンピューターや携帯電話、電子時計に至るまで、技術やメディアは常に時間性をかたちづくり、それによって私たちの生活や思考を変えてきた[21]。そして、時代ごとに、時間ごとに、各々の道具が私たちを様々な仕方で秩序づけ、組織化してきた。フーコー[22]とニーチェをなぞって言えば、権力はいつの時代にも存在していた。時間（統制）こそが権力である。畑仕事を営む人たちとその人々のパフォーマンスは、鐘の助けを借りて、時間的に決められ、規律・訓練されている[23]。規律・訓練する者が姿を見せることはない。教会の塔は一種のパノプティコンとして機能しており、必ずしも監視する者が必要なわけではない。見られることなしに監視することができるようになっている[24]。この体制は、人々の生活や社会を構造化する宗教的なナラティブと同様に、技術建築的な構造や地理的な構造のうちに組み込まれている。後の産業工場や近代的な学校では、新しい形式の規律・訓練や規律・訓練する技術が導入されることになるが、例えば、鐘のように古い技術も依然として使われていたのである。

しかし、過度にロマン主義的な立場をとらずに次のように主張することもできる。農村の文脈や産業化以前の時代にも規律・訓練や秩序が存在していたものの、時間や生活はそれほど速いものではな

---

[21] （原注）Birth, *Objects of Time*.

[22] （訳注）ミシェル・フーコー（Michel Foucault）はフランスの思想史家、哲学者であり、権力や知識、自由について社会制度との関係のもとで批判的に分析した。その思想はポストモダニズムや構造主義としても位置づけられる。

[23] （訳注）本書71頁の脚注[103]を参照。

[24] （原注）私はここで、ジェレミー・ベンサムのパノプティコンについて言及している。パノプティコンは刑務所や病院などの施設に使われる建築物であり、ミシェル・フーコーが *Discipline and Punish* で論じている。

かった、という主張である。そこには、カイロスの機会、つまり、意味のある、焦点となる瞬間を創り出す機会が存在する。また、共通認識や、世界と関わるための共通の方法が存在する可能性もある。東洋の儀式や瞑想の実践のように、『晩鐘』のような古い西洋の儀式や、それに関連するテクノパフォーマンスやナラティブも、そのような機会を創り出すことができるが、それが必ずしも保証されるわけではない。ここで創出される意味は、単に線形のクロックタイムではなく、（人間が作り出したとはいえ）循環的なリズムを統制する時間テクノロジーと連動している[*25]。仕事が終わる時刻を計ることには意味がある。意味の発生は、単に宗教的な枠組みだけからではなく、適当なタ・イ・ミ・ン・グ・とパフォーマンスによってこ・そ・可能になるのであり、技術がそのことを可能にするのである。ミレーの絵画のような作品は、私たちに過去からの時間のテクノパフォーマンスを示し、異なる形式の時間性に対する受容性を育むように促すとともに、テクノパフォーマンス一般の倫理的な重要性と問題点、そして可能性について気づかせてくれるのである。

【時間の管理とデジタルテクノロジー】

　この解釈のために必ずしもロマン主義的な立場をとる必要はない。しかし、ロマン主義的な考え方は依然として魅惑的である。また、加速のナラティブも依然として意味があるように見える。絵画が私たちに過去の、あるいは、失われたように思われる形式の時間性を夢見させるのに対し、現代の世界は時計によって支配されている。私たちはクロノス［客観的時間］の帝国に生きている。デジタルテクノロジーは、クロックタイムとそれに関連する時間性や存在形態を支えているように見える。時間は切迫している。時は金なり。時間は不足している。環境や健康、気候に関する懸念という文脈では、たいてい、クロックタイムが私たちの生物学的な時間や自然の時間と同期していないことが指摘される。私たちの存在は調子

---

*25　（原注）周期的な時間と直線的な時間の区別について、より歴史的な背景を知るには Gould, *Time's Arrrow, Time's Cycle.* を参照。

第3章　人間的年代における共通時間を求めて　　85

が狂っている（out of joint＝関節から外れている）、あるいは、場所の比喩を避けるとすれば、時間から外れているように見える。私たちは時間的に疎外された状態で存在しているのである。

この議論は気候危機にも適用できる。私たちはタイムラインの上に置かれ、期限（deadline＝死線）を突きつけられている。気候危機の論理は、年代経過の論理である。ジョー・ザデ[26]が指摘するように、気候危機そのものが、時計が示す期限によって常に線形的な時間へと変換されている。このことが、逆説的に「実際に起きていることの深刻さを多くの人が理解できなくさせ、結果として、無力感や無関心を引き起こすことに一役買ってしまっており」、生態系の危機を生み出してさえいると、ザデは指摘している[27]。自然の時間性を無視し、すべての人とすべてのものにクロックタイムを押し付けたことで、私たちは人新世（anthropocene）[28]を、あるいは、私が提案する「人間的年代（Anthropochrone）」[29]を創り出した。私はこれを人間の時代、人間の時間、とりわけ年代記的な時間として定義されうるものとみなしている。私たちは地球を、現代のクロックタイムによって管理された宇宙船へと変えてしまった。私たちは、人間や他の動物たちをクロックタイムのもとで同期させ、相互を調整しようとして、地球全体を巨大な時計付きの時限爆弾へと変えてしまったのである。

---

[26] （訳注）ジョー・ザデ（Joe Zadeh）はカルチャーや政治、テックに関する記事を執筆するイギリスのフリーライター。

[27] （原注）Zadeh, *op. cit.*

[28] （原注）人新世（Anthropocene）とは、現在の地質時代の非公式な呼称であり、地球史における最も新しい時代であり、人間の活動が地球上で支配的な力を持つようになり、気候や環境にまで大きな影響を与えるようになった時代と考えられている。この用語はユージン・ストーマーとパウル・クルッツェンによって作られた。この時代がいつ始まったのかは定かではない。産業革命の始まりであるとする説もあれば、20世紀半ばに始まったばかりだとする説もある。現在の地質学的な時間の塊の正式名称は完新世（Holocene）であり、これは最後の大氷河期の後に始まるものである。出典として、アクセスしやすい概要は https:// www.nationalgeographic. org/encyclopedia/anthropocene/ を参照。

[29] （訳注）本書2頁を参照。

改めてマンフォード[*30]とフーコーの著作について検討してみよう。フーコーは『監獄の誕生』[*31]の中で、時間割表について書いている。時間割表は最初は修道院で使用され、後に懲罰施設で使用されるようになった。このような規律・訓練は、今や人間だけでなく非＝人間[*32]にも適用されている。しかし、私たちは自分以外の他者とその時間を規律・訓練するだけではなく、自分自身を規律・訓練し、自己家畜化することも試みる。そのために私たちはローカルかつグローバルなクロノパフォーマンス[*33]とテクノパフォーマンスを創り出してきた。このナラティブの中で、デジタルテクノロジーは自然に対抗して、惑星規模の人間中心的でグローバリズム的な同期プロジェクトの道具として機能していることが判明する[*34]。時間性の観点から言えば、私たちは自然から自分たちを遠ざけ、地球上の時間的な異邦人へと仕立て上げただけでなく、自然（の残りの部分）さえも私たちの現代的で人間的な時間体制へと強制的に組み込もうとしている。あるいは、少なくともそう試みているのである。

　このような同期プロジェクトへの応答として、産業社会が出現した19世紀の頃にすでにミレーがそうしていたように、高度な時間管理技術を用いることはせず、過去の時間を懐かしもうとする人がいるかもしれない。あるいは、機械式時計にもとづく比喩であるが、時間を巻き戻すことを試みて、クロックタイム的な思考に抵抗するのではなく、むしろそれを受け入れようとする人もいるかもしれない。加速に対するロマン主義的な反応は、現代の技術的な思考と絡

---

*30　（訳注）本書20頁の脚注＊64を参照。

*31　（原注）Foucault, *Discipline and Punish*, 149.（ミシェル・フーコー『監獄の誕生』田村俶訳、新潮社、1997/2020）

*32　（訳注）本書47頁の脚注＊74を参照。

*33　（訳注）クロノパフォーマンスは、客観的時間としてのクロノスにもとづいて私たちの生活や実存をかたちづくろうとするパフォーマンスのことである。

*34　（原注）実証主義哲学や資本主義と結びついたデジタル情報システムの哲学的基盤は根本的に自然に反しているというクレプスによる議論も参照。Kreps, *Against Nature*.

み合っている。お互いに二元論的なダンスから永遠に抜け出すことができないのである。

　もうひとつの、そして実際には両立しうる方向性として、技術に対するロマン主義的なナラティブを拒絶し、その代わりとなる新たな、異なる技術を開発することが挙げられる。それはつまり、必ずしもローカルにとどまらないような、異なる技術時間的（technotemporal）パフォーマンスを可能にするデジタルテクノロジーを開発するということである。このことが具体的に何を意味するかはそれほど明確ではない。だが、ボルグマンの基準を利用しつつ、それを発展させることができるかもしれない。ボルグマンが述べている焦点となる実践や機会とは、私たちが実践的なスキルを駆使し、発達させるように環境と関わる瞬間であり、かつ、人々に共用されるような瞬間である。ボルグマンによれば、私たちは現在のデジタルテクノロジーを使用することで、必然的にこのような瞬間を喪失してしまっている。私たちは物質的なものや他者との関わりを失ってしまっており、共通認識や共通時間も失ってしまっているのである。しかし、この主張には議論の余地がある。おそらく、いくつかのテクノパフォーマンスとそれに関連するナラティブやプロセスには、ボルグマンが追求しているような、熟練を伴う関与や焦点となる実践、そして共通の意味の創出につながる可能性がある。加えて、彼の提案する基準は文脈や状況を考慮したものではないため、ひょっとすると、デジタルテクノロジーが関与する状況でも意味のある機会や善き時間が突如として生じることがあるかもしれない。カイロス、つまり、幸運に恵まれる瞬間は私たちがデジタルテクノロジーを用いて、テクノパフォーマンスに関わるときにも原理的には生じうるのである。

【デジタルテクノロジーと善き時間】

　携帯電話のアプリで友人とメッセージのやりとりをしていると想像してみよう。これは通常、実際に誰かと対面で会うことに比べて、楽しい時間を過ごしているとはみなされない。私たちは、今この場所でメッセージをやりとりすることを望んでいるわけではな

く、どこか別の場所にいることを望んでいる。私たちはただ何かしら情報を伝えるためにその技術を使っているだけである。これは焦点となるような経験ではない。しかし、このメッセージのやりとりが、突然、焦点となるような経験へと変わることがありうる。そのとき私たちはお互いに、テキストによって構成されるデジタル環境とデジタルな瞬間に居合わせることを望み、今この場所以外のどこにもいたくないという気持ちになる。例えば、私たちは典型的な実存主義の話題を取り上げて、思いがけず生と死の意味について有意義な会話を堪能するかもしれない。おそらく直接会って話してもこのようなことが起こるかもしれないが、重要なことは、デジタルに媒介されたメッセージという技術的に媒介された環境の中で、そのような機会が突然、今この場所で生じるということである。これとは別の例を挙げてみよう。通常は社会生活に対する脅威とみなされているデジタルソーシャルメディアが、パンデミックや戦争で困っている人々を助けるコミュニティを突然形成することがある。デジタルなテクノパフォーマンスは、予期せず、そこで過ごすことが善きことであるような善き時間を過ごすことができる社会的環境を創り出すことで、善き共＝実存に貢献しうるのである。

　私たちはおそらく、デジタルテクノロジーや私たちもそこに位置づけられるようなデジタルなパフォーマンスにおいて、また、そうしたパフォーマンスを通して、ローカルな共同体のレベルを超えたグローバルなレベルで、共通時間を見出すことができる。私たちは、そのような技術を用いて、グローバルな技術的世界のなかで、どのようにしてカイロスの機会を増やすことができるかを考えることもできるかもしれない。グローバルでデジタルな環境にキャンプファイヤーと同じ価値のものを見出すことは無理かもしれない。しかし、焦点となる瞬間をオフラインで楽しむことに加えて、カイロスが生じる可能性のある、グローバルでデジタルな環境やデジタルなインフラストラクチャー、とりわけ、デジタルなプロセスやテクノパフォーマンスを創り出すことができるかもしれない。これが何を意味するかがまだ明らかでないことは認める。例えば、共＝実存の問題や、後で述べるが、（共通）時間を創出する政治についても

第3章　人間的年代における共通時間を求めて　　89

さらに検討する必要があるだろう。しかし、新しいデジタルテクノロジーの発展とその利用は、カイロスや（諸々の）善き時間が生じることを原理的に排除するものではないのである。

　いずれにせよ、このような方向性は、個人のレベルやローカルなレベルでは可能なように思われる。デジタルテクノロジーを使うことで、私たちはこれまでとは違った時間のパフォーマンスを試みることができる。例えば、デジタルテクノロジーを使って音楽を作り、演奏することで、善きカイロスが生まれる機会を創り出すことができる。これはデジタルテクノロジーの倫理的な可能性に関してなされる、クロックタイムに対する技術決定論的な議論よりもいくぶん楽観的である。技術決定論的な議論は、過去のテクノパフォーマンス（例えば、中世の宗教的な文脈のもとで遂行されたもの）の力と専制支配を見逃していて、現代の技術とその時間性を所与のものとしている。その代わりに、私たちはデジタルテクノロジーと時間のそれぞれについて、より建設的に向き合うことができる。私たちは新しい技術を発明し、新しく、より優れた時間のテクノパフォーマンスを確立することができる。しかし、トランスヒューマニストが言うような技術の未来についての技術決定論とは対照的に、ここには不確実性も残っており、私たちには何が起こるかは決してわからない。カイロスの出現を強制することはできないのである。私たちは、自分たちが他者や環境、そして、他の時間性に依存していることを自覚しながら、ただその瞬間に心を開き、その瞬間に向けてマインドフルな状態を維持し続けなければならない。

　技術的に媒介された私たちの存在には、常に悲劇的で、社会的、そして、ポストヒューマニズム的な側面がある。私たちは時間のなかでパフォーマンスをするが、私たちは自らの（テクノ）パフォーマンスを完全にコントロールできるわけではない。例えば、私たちはデジタルテクノロジーを用いて自分自身について物語るが、私たちはその物語の唯一の作者ではない。私たちはプロセスのなかにその一部分として、またパートナーとして参加しており、その中心にいるわけではない。私たちは自分自身を完全に作り上げることなどできないのである。デジタルテクノロジーを用いることで、私たち

は自分たちが事物であると信じるかもしれないが、実際にはそうではない。プロセス哲学の言語で言えば、私たちは「生成している」。ハイデガー的な表現で言えば、「私たちは脱自している（ek-sist）」*35*36。私たちは本質や特性に還元されうるものではない。私たちはパフォーマンスを遂行することで、世界に対して存在を際立たせている。また、小休止をとることもある。私たちは身体を持ち、絶えず変化する世界に曝されながら（ex-posed＝外に置かれている）、自分たちも変化していく。時間を創り出し、自分自身を創るということは、常に創られ続けているということをも意味する。私はパフォーマンスを遂行するが、私はパフォーマンスを遂行させられる存在でもある。自然もまた自然の一部として共同のパフォーマンスを遂行し、私もまた自然の一部として共同のパフォーマンスを遂行する。他者も共同のパフォーマンスを遂行する。技術も共同のパフォーマンスを遂行する。というのも、私のパフォーマンスは常に自然や社会、技術のプロセスの一部であり、それらによって構成されており、人間と非＝人間とを含む他者たちによるパフォーマンスとインタラクションしているからである。技術へのプロセスアプローチは、基本的に関係的なものである。私が存在する限り、世界の外側も、プロセスの外側も、ナラティブの外側も、パフォーマンスの外側も存在しない。私の生成は常に必然的に世界に関わるものであり、プロセス、ナラティブ、パフォーマンスと結びついている。例えば、新デカルト主義*37的な仕方で、自分自身の「私」の特異性に閉じこもったり、世界を超越する本質になったりするということは、存在するのをやめること、つまり、死ぬことを意味す

＊35　（原注）Heidegger, "Letter on Humanism."（マルティン・ハイデッガー『「ヒューマニズム」について』渡邊二郎訳、ちくま学芸文庫、1997）

＊36　（訳注）「脱自」とは「それ自身の外に（ex-）ある（sist）」という意味での超越性を指している。ハイデガーによれば、存在の根源的な時間性は、将来、既在性、現在という三つの脱自態（Ekstase）に依拠している。

＊37　（訳注）フッサールは、デカルトの哲学的方法論を手がかりとして、独我論を克服しつつ、客観性や間主観性へと至ろうとする自らの超越論的現象学のプロジェクトについて「新デカルト主義」という名称を与えた。

第3章　人間的年代における共通時間を求めて　　91

る。生とはダイナミックであり、進行中であり、関係的であり、プロセス的なものである。その反対にあるのは、硬直と不動、そして死である。

　この節を締めくくるにあたって、現代の技術が時間とのより善い関係を見つける手助けになる可能性があり、原則としてその可能性を排除するものではないということを述べておこう。私たちは自然の時間性を無視するのをやめるべきであり、スピードを緩めなければならない。しかし、ひとたび、自分たち自身が自然の一部分であることを理解し、プロセスやパフォーマンスの観点から考えることで、人間と自然を二分する類いのよくある二元論を克服することができれば、デジタルテクノロジーやデジタルメディアに対抗するのではなく、それらとともにより善い時間を創り出すことを試みることができる。私たちは、今とは異なる様々な時間のテクノパフォーマンスを考えることができるのである。

　だが、異なる技術を見つけて、時間のより善いテクノパフォーマンスを実現することは容易ではない。例えば、現代のクロックタイムと気候変動の問題への対応として、［クロックタイムの］代替となる「気候時計」[*38]が提案されている。その一例として大災害までのカウントダウンを行う時計がある。ニューヨークでは、アーティストであるガン・ゴーランとアンドリュー・ボイドが製作した［気候］時計に、温室効果ガスの排出量が破滅的な被害を引き起こすまでに地球に残された時間が示されている。しかし、このような技術は依然として線形的なクロックタイムと関連する終末論的なナラティブや思考にもとづいている。他の種類の時間に関連する時計もある。ミシェル・バスティアン[*39]は、気候危機の時間性や、より一般的に自然の時間性に対応する時計を提案している。例えば、気温

---

*38　（訳注）気候時計は、温室効果ガス排出傾向をもとに地球温暖化の限界（平均気温の1.5℃の上昇）までを視覚的に示す時計式のモニュメントである。ニューヨークでは2020年、アメリカのアーティストや環境活動家であるアンドリュー・ボイド、ガン・ゴーランらによってユニオン・スクエアのメトロノーム（巨大なデジタル時計）を再利用して気候時計を表示された。

の変化によって絶滅の危機に瀕しているウミガメの個体数と同期する時計がある。その時計は、「認識された環境への脅威に対応しようとする人間の努力が、もどかしいほどに限定的なものである」ということを語っている*40。しかし、このような解決案も「急がなければならない」、「私たちには時間がない」というナラティブの枠内にとどまっている。その限りにおいて、実際には代替となるような時間性を提供するものではない。ここで言及された作品は、気候に関する議論を支配するよくある終末論的なナラティブの枠内にとどまっており、現在私たちの存在をかたちづくっているナラティブやパフォーマンス、時間性を根本から変えるものではない。今ある時計を超えて考えをめぐらせたり、発明したり、パフォーマンスを遂行することは、依然として難しいままなのである。

しかし、変化をもたらすのは技術に限ったことではない。もし変化が起こらないないとすれば、それはおそらく、この停滞した状況から利益を得ている人たちがいるからであろう。その人たちは他の人々よりも多くの利益を得ているに違いない。そこで、ここからは時間の政治、より正確には、時間のテクノパフォーマンスの政治の話に移っていくことにしよう。

カイロス的政治と同時代化：気候変動時代における時間と共＝実存の政治

【時間の創造と政治性】

より善い時間や共通時間を創り出す、そして、可能であれば善き時間を創り出すという問題は、共＝実存の問題であり、政治的な問題である。政治の問題はたいてい、共通空間の発見や、ある場所における共存のあり方の観点から定義される。特に哲学的な共和主義の伝統では、共通の関心事について熟議し決定するための共通空間、つまり、公共空間を見つけようとする考え方がある。例えば、

---

*39　（訳注）ミシェル・バスティアン（Michelle Bastian）は批判的時間研究と環境人文学を専門とするイギリスの研究者。

*40　（原注）Bastian, "Fatally Confused: Telling the Time in the Midst of Ecological Crises." 44.

第3章　人間的年代における共通時間を求めて　93

ハンナ・アーレント[*41]は政治的行動のための公共空間の創造を主張した[*42]。ラトゥール[*43]もまた、よりポストモダンな（彼なら「非近代的」と表現する）調子で、ネットワークにおける共通空間と共＝実存を追究した。ラトゥールとエルマン[*44]によれば、共＝実存は時間よりもむしろ空間の問題である[*45]。アンダーマット[*46]の言葉を借りれば、政治の課題というのは「共＝実存するネットワークをもつ共通の世界空間を構築する」ことである[*47]。ラトゥールとエルマンは、歴史が終わるときに「共＝実存が始まる」と提起しているが[*48]、この提起は正しくも共＝実存の問題を議題として挙げている。しかし、フランシス・フクヤマの有名な主張[*49]にもかかわらず、歴史は終わらないし、終わってもいない[*50]。私たちは依然として共＝実存の課題に直面している。さらに、共＝実存と政治は、共通空間を創り出すことに関わるだけでなく、諸々の共通時間や諸々の公共時間を創り出すことにも関わると述べることができる。デジタルテクノロジーとそれらが生み出すネットワークの時代

---

*41　（訳注）本書 3 頁の脚注 * 5 を参照。

*42　（原注）Arendt, *The Human Condition*.（ハンナ・アレント『人間の条件』牧野雅彦訳、講談社学術文庫、2023）

*43　（訳注）本書50頁の脚注80を参照。

*44　（訳注）エミリー・エルマン（Emilie Hermant）はフランスの臨床心理士、小説家、写真家で、かつてラトゥールの助手を務め、『パリ見えない都市』の共著者となった。

*45　（原注）Latour and Hermant, *Paris: Invisible City*.

*46　（訳注）ヴェレーナ・アンダーマット・コンリー（Verena Andermatt Conley）はアメリカの比較文学・ロマンス文学の研究者。

*47　（原注）Conley, "Bruno Latour: Common Spaces."

*48　（原注）Latour and Hermant, *op. cit.*, 101.

*49　（原注）Fukuyama, "The End of History?"

*50　（訳注）「歴史の終わり」は、フランシス・フクヤマが1989年に発表した論文のタイトルであり、1992年に書籍『歴史の終わり』（原題：*The End of History and the Last Man*）として出版された。フクヤマは、民主主義と自由経済の確立によって安定した政治体制が築かれ、社会制度や政治体制をめぐる歴史上のイデオロギー闘争が終焉を迎えること（歴史の終わり）を論じる。フランシス・フクヤマ『歴史の終わり』上・下、渡部昇一 訳、佐々木毅解説、三笠書房、2020（新版）。

において、グローバル資本主義が提供するものとはおよそ異なる、共通の世界時間を構築することが課題となっている。共通世界の創造とは、共通空間を創り出すだけでなく、共通時間を創り出すことでもある。この共通時間とは、ラトゥールやエルマンが反対しているような、連続的な時間ではなく、共＝実存のための時間的条件を創り出すことに関するものである。それは歴史や形而下（また、形而上）の抽象的な時間ではなく、常にすでに社会的であり続け、状況づけられた時間である。私たちは時間の政治的エコロジーを、空間の政治的エコロジーと並べたり、結びつけたりすることを通して検討する必要がある。そこでの課題は、単に内在性[51]のある関係的空間を概念化するだけでなく、同じく内在性のある関係的時間についても概念化することである。ただし、それは、支配的な、直線的で全体的なひとつの時間ではなく、多くの時間性を含むものである。

　この種の政治的時間は私たちがそこに積極的に参加する生成として理解される、共＝実存に関わる。それは、与えられるのではなく、創られ、パフォーマンスされる。時間のテクノパフォーマンスの政治的側面をより詳しく説明するために、再びフーコーや言語行為論を援用することにする。ただ、今回は「時間の告示（time telling）」についても論じることにする。バトラーやデリダ、オースティン[52]からヒントを得て、バスティアンは、時間を告げる行為を行為遂行的なものとして捉えている。時間を告げることは、事実を述べることではなく、行為遂行的な言語行為[53]である。それは「世界をある特定の仕方で秩序づけている」[54]。このように、時間を告げることは政治的な意味を帯びている。より一般的に言え

＊51　（訳注）ここでの「内在性（immanence）」とは、外部の力や超越的な要素に依存することなく、そのもの自体の本質や内的な法則性によって成り立っているものを指す。

＊52　（訳注）本書55頁の脚注＊84を参照。

＊53　（訳注）本書53頁の脚注＊82を参照。

＊54　（原注）Bastian, "Fatally Confused: Telling the Time in the Midst of Ecological Crises." 32.

第3章　人間的年代における共通時間を求めて　　95

ば、時間は「時間の植民地主義」や「時間帝国」と呼びうる傾向を
もつという意味で、政治的である。ある人々やある都市、ある国の
時間が、それとは別の時間よりも重要であるとみなされ、時間の画
一化や植民地化、規律・訓練のプロセスが生じる。だが、このこと
は単に言語の行為遂行性に関してだけではない。植民地主義の時間
地図[*55]から西洋中心の暦法に至るまで、他の技術やメディアも重
要な役割を果たしている。現代の時計による時刻の告示も行為遂行
的であるが、それも政治的である。時計は人々を、例えば労働者
を、規律・訓練するために使われる。「普遍的な」クロノス［つま
り、時計が刻む客観的な時間］は、技術資本主義的なシステムによ
って生み出される。グローバルな覇権は物質的で身体的なものに限
らず、時間的なものでもある。世界中の労働者が資本主義のリズム
とスピードに支配されている。［米企業の］Amazon 社の労働者が
時間節約のためにボトルに排尿することを強いられているという話
もある[*56]。また、余暇の時間さえも統制されている。例えば、コ
ンピューターゲームをする人のパフォーマンスも、必ずしもクロッ
クタイムによる支配から逃れることはできない。学校や病院といっ
た施設は、フーコーが記した時代と同様、時間的体制（regime）[*57]
の支配下にある。私が提案した概念で表現すると、こういった時計
や他の技術を用いたテクノパフォーマンスは政治的である。時間や
生活時間は社会的でも政治的でもあるが、それらを形成する技術も
また、パフォーマンスやナラティブ、その他のプロセスを通じて社
会的でもあり、政治的でもある。テクノパフォーマンスという概念

---

*55 （訳注）時間地図は、地理的な地図を変形し、地点間の所要時間を地図上
　　の距離で表現する手法であり、これにより、交通サービスの地域格差やそ
　　の変化を視覚的に示すことができるようなものである。清水英範・井上亮
　　（2024）「時間地図作成問題の汎用解法」『土木学会論文集』を参照。

*56 （原注）Vincent, "Amazon denies stories of workers peeing in bottles,
　　receives a flood of evidence in return."

*57 （訳注）体制（regime）は、政治体制や政治制度を指す用語であるが、
　　ここで「時間的体制」と言うことで、時間が人々を規律・訓練するように
　　制度化されている点で政治的な意味合いを帯びていることが表現されてい
　　る。

を用いれば、技術を用いて時間を創造することの政治的で身体的な次元について指摘することができる。グローバルな権力関係は、テクノパフォーマンスの概念によって、バース[58]が「身体の物理的かつ心理的な時間経験」と呼ぶものへと変換される。私たちは24時間7日制（＝年中無休）の経済の中でパフォーマンスすることを強いられる。このことは「資本主義のグローバルな機能にとって決定的となる生理学の否定」[59]という問題を生み出す。そこでは、例えば、夜勤や時差ぼけなど、生物学的で自然なリズムが無視されているという主張がなされる。そして、ある人々が他の人々よりも多く苦しむことになる。バースは、私たちを組織化している現在の時間が「自然なもの」でも「現実的なもの」でもなく、実際には、かなり最近創られたものであると示唆している[60]。デジタルテクノロジーは、こうした時間の組織化とパフォーマンスを維持発展させ、それが拡散することに寄与している。例えば、AIや他のアルゴリズムを含むデジタルテクノロジーは、タクシー運転手やフードデリバリー労働者に新たな労働体制を生み出し、監視と管理の体制下に置く[61]。運転手たちは業績（パフォーマンス）が悪いと解雇されることもある。ここでは、クロックタイムがデジタルテクノロジーと組み合わさることで、資本主義の新たな形態の管理と搾取、そして植民地主義を生み出している。

　しかし、私たちが時間や仕事、人間をこの特定の方法で組織化することに正しくも懸念を抱き、抗議するのと同時に、楽観的でいることもできることに理由がないわけではない。仮に、このような時間が人間によって創られ、パフォーマンスされているものであり、時間が政治的なものであるならば、私たちはそれを変えることがで

＊58　（訳注）ケヴィン・バース（Kevin Birth）は時間研究を専門とするアメリカの社会人類学者。

＊59　（原注）Birth, *op. cit.*, 130.

＊60　（原注）Birth, *op. cit.*, 169.

＊61　（原注）例えば、Uber の運転手を対象とした次の調査を参照。Rosenblat and Stark, "Uber's Drivers: Information Asymmetries and Control in Dynamic Work."

第3章　人間的年代における共通時間を求めて　　97

きる。デジタルテクノロジーを含む時間技術は必ずしも悪いというわけではない。それは社会的および政治的な観点から見てもそうなのである。クロックタイムはひとつの選択肢に過ぎず、他にも選択肢はある。もし私たちが互いに同期しておらず、自然とも同期していないのであれば、技術とそれに対応するテクノパフォーマンス、ナラティブを用いることで、それを変化させることができる。私たちは社会的な技術的環境に変革をもたらすことができる。それは、焦点化され、共時的であるようなパフォーマンスのための機会を創造することによって成し遂げられることもあれば、善き「現在」を取り戻すことによって、すなわち、開放性と変容、生へとつながるように、過去と未来とに結び付けられた現在を取り戻すことによって成し遂げられることもある。また、私たちは、ある特定の形態の搾取的なテクノパフォーマンスに終止符を打ったり、変更してしまったりすることで、労働の秩序を変革し、善い労働と善い形式の共時性をもたらすことができる。そのとき、おそらく最初に、抵抗の共時性が必要となる。技術は、テクノパフォーマンスやナラティブテクノロジーの形式をとることで、そのような社会的で政治的な変革のための強力な道具となりうる。特に、技術は特定の調整プロセスを可能にし、集団的なパフォーマンスや集団的な意味づけといったパフォーマンスの遂行はより善い共＝実存を導く可能性がある。もし私たちが今の時間や、その時間を告示し、時間を創造する技術といったものを好まないとすれば、より善い時間を創造し、善き時間を可能にし、善い仕方での同時間化（syn-chronize）[*62]を実現するための技術やテクノパフォーマンスが必要となる。私たちは、ローカルなレベルでもグローバルなレベルでも、より善い共＝実存のために、より善い技術を求めており、また、それを必要としている。時計とは時間を計測する技術ではなく、「他の何かと共有された社会的関係[*63]を確認するための技術である」という、バスティ

---

*62　（訳注）ここでの「同時間化」は、自分たちや他者を含む集団に共＝実存を導くために、お互いに共有された共通時間を集団による共時的なパフォーマンスによって創造することである。

*63　（原注）Bastian, *op. cit.*, 31.

アンが提唱する「時計」の広い定義をとるならば、より善い時計もそのひとつである。あるいは、私たちは、時計そのものを完全に超えて、もはや時計ではなく、いかなる意味でもクロックタイムに支配されることのない共＝実存の技術やテクノパフォーマンスを開発することもできる。しかし、それでも私たちにとって善い仕方で私たちを同期させ、組織することは可能である。

　しかし、この「私たち」に誰が含まれるのかについては議論が必要である。そのためには、政治や時間から一部の人間や集団が排除されていることについて議論する必要がある（ここで「誰の時間が重要か」という問いをもう一度考えてみよう）。それは、例えば、時間の植民地主義についての議論である。しかし、私たちは非＝人間の政治的地位の認識についても検討したほうがよいかもしれない。このような議論は動物倫理[*64]や環境倫理などで行われてきたことであり、また、惑星間の相互関係や地球上での共＝実存という課題に焦点を当てた、いわゆる「地球全体の思考」[*65]（地球は人間にとっての単なる舞台や背景ではなく、地球と人間の歴史とが相互に積極的に関与し合うという考え方）によっても支持されるかもしれない。それゆえ、より善い共＝実存とは、（異なる文化や異なる場所、異なるタイムゾーンの人々の間など）人間同士のより善い共＝実存だけでなく、ローカルなレベルとグローバルなレベルで、人間と非＝人間とのより善い共＝実存をも意味することになる。それは、人間だけでなく、地球上のすべての存在にとってより善い地球やより善い時間を意味している。現在の私たちはあまりに人間的年代に染まりすぎている。それは現在についての考え方だけでなく、過去や未来についての考え方についても同様である。例えば、私たちは人類の未来を想像するが、そのときに非＝人間の未来を考慮に入れていない。非＝人間を含めた新たな時間のテクノパフォーマンスは、私たちを人間的年代から解放する可能性がある。私たちには

＊64　（原注）例 え ば Donaldson and Kymlicka, *Zoopolis: A Political Theory of Animal Rights*. を参照。

＊65　（原注）Mickey, *Whole Earth Thinking and Planetary Coexistence*, 3.

人間ではないものや、人間によって創られたわけではない時間、そしてその時間性とつながりをもつ必要がある。これは、ほとんどのペットの飼い主がすでに実践しているように、ペットに関わりのある時間性につながりをもつということ（例えば、時間通りに散歩させて、犬の生物学的欲求を満たすなど、私たちがペットに対して行う配慮）だけでなく、他の生物や生態系、そして地球の時間性にもつながりをもつということでもある。気候変動に直面している21世紀において、私たちはもはや、人間以外の種や人間を除く自然の時間性を無視することはできないし、無視すべきではないのである。

　私たちはおそらく、先住民族の文化から［このようなつながりに関する］学びを得ることができる。というのも、先住民族は時間について私たちと異なる概念を持ち、時間を非＝人間や環境と結びける傾向があるからである。興味深いことに、パフォーマンスや身体的動作について私が述べたことと照らし合わせてみると、このこと［つまり、非＝人間や環境との結びつき］が特に明らかになったのは、言語だけでなく、特にジェスチャーの観察を通してであった。例えば、アンデス山脈のアイマラ族にとって、過去は前方に位置づけられるのだが、それは過去がすでに知られていて見えるものだからである*66。これに対して、未来は後方に位置づけられる。また、パプアニューギニアのユプノ族にとって、時間は直線的ではなく上流に向かって流れている。過去は川の河口の方向に流れていて、未来は川の源流へと向かっている*67。先住民たちのナラティブにも、このような非人間的な次元や、時間と世界についての様々な理解が見受けられる。クレア・コールブルック*68が人新世の層序学に関する論文で書いているように、「人新世が地球の地層を読み解くための単一の地質学的時間を仮定する一方で、先住民の文化では、人間以外の生命の環境のなかで地球の空間とその様々な次元

＊66　（原注）Nuñez and Sweetser, "With the Future Behind Them."

＊67　（原注）Ananthaswamy, "Time Flows Uphill for the Yupno."

＊68　（訳注）クレア・コールブルック（Claire Colebrook）はオーストラリア出身の文化理論家で、ドゥルーズに関する研究を中心に視覚芸術やカルチュラル・スタディーズ、現代文学など様々な領域の研究を行っている。

が刻み込まれている（例えば、川はトカゲの精霊と鳥の精霊による過去の戦いの結果であり、その姿が描写されたものである）古代ギリシャの神話においても、この世界とそこでの人間関係がタイタンの戦いの後に位置づけられている」[69]。

　このような古代および先住民に対するアプローチは、関係的思考やプロセス思考[70]のような既存のフレームワークと結びつけることができる。例えば、オーストラリアの先住民であるバワカ族の存在論は、「そのうちでは、すべてのものが創発と関係性の状態で存在している」「共＝生成」[71]の存在論として記述されてきた。季節が変われば、人も変わり木も動物も変わる。私たちはみなそれぞれ変化し、互いにともに形成し合っている。著者たちが正しくも論じているように、生きた相互接続的な（living and interconnected）世界が絶えず生み出されるという創発についてのこのような関係的な存在論によって、異なる思考方法の可能性が開かれる。先住民のジェスチャーや視点、ナラティブは、先住民の共存在に関するラーセンとジョンソン[72]による書籍のタイトルのような「場所において共にある」ことを理解する助けとなるだけでなく[73]、時間において共にあることを理解する助けにもなる。それらは、あらゆる場所や時間における共＝実存が、単に先住民の文化に結びついた場所や時間に限定されず、常に場所の問題であると同時に時間の問題でもあり、共＝生成が常にすでに関係的で、人間を超えた問題であったことを示しているのである。

---

[69]　（原注）Colebrook, "A Grandiose Time of Coexistence: Stratigraphy of the Anthropocene" 443.

[70]　（訳注）本書29-33頁を参照。

[71]　（原注）Bawaka Country et al., "Co-Becoming Bawaka: Towards a Relational Understanding of Place/Space.," 456. マオリ族やウブントゥ族など、先住民の関係的存在論も参照。

[72]　（訳注）ソレン・ラーセン（Soren C. Larsen）、ジェイ・ジョンソン（Jay T. Johnson）はともにアメリカの地理学者で、先住民に関する文化地理学の共同研究を行っている。

[73]　（原注）Larsen and Johnson, *Being Together in Place: Indigenous Coexistence in a More Than Human World.*.

そうはいっても、共＝生成としての共＝実存が必ずしも調和的であるとは限らない。場所と時間は権力闘争と結びついており、共＝生成を概念化することそれ自体が政治的な行為となりうる。例えば、オーストラリアのポストコロニアルな文脈において、バワカ・カントリー他は、共＝生成に注目することで「（アングロサクソン系の）人間中心的な支配から、人間と人間を超えたものたちとの責任とケアをめぐる親密な関係性にもとづく共同創発的な世界の再概念化へと権力関係を転換させることができるかもしれない」[74]と論じている。この著者たちは依然として自分たちの取り組みを場所と空間という枠組みで理解している。しかし、時間やプロセスについての異なる考え方も考慮し、非＝人間の「生き生きとした行為者性」[75]を含め、植民地主義的で帝国主義的なプロジェクトからの脱却を目指すことも有益だろう。植民地主義的な政治的想像やパフォーマンスにおいて、先住民たちは土地（無主地（terra nullius）[76]と見なされていた）[77]からだけでなく、時間からも歴史からも抹殺された。彼らの土地と同様に、先住民の時間は空虚で非歴史的であり、実際には存在しないもの、つまり、入植者の歴史で埋められるべき時間的な空白とさえみなされた。同じようにして、非＝人間もしばしば時間から消し去られる。だが、先住民の理解の仕方、当然そこには先住民の時間に対する理解も含まれるが、その理解の仕方に注意を向けることは、すでにこれらの人間と非＝人間を時間のうちに戻す時間政治的なパフォーマンスなのである。あるいはむしろ、そのものたちの時間を取り戻し、そのものたち自身の時間のパフォーマンスを遂行する可能性を開くという、時間政治的なパフォーマンスだと言ってもよい。しかし、ここにおいてもまた、エデン

---

*74　（原注）Bawaka Country et al., *op. cit.*, 470.

*75　（原注）同上，457.

*76　（訳注）無主地（Terra nullius：誰のものでもない土地）は、所有者不定の土地を意味する。かつてイギリス政府がオーストラリアに植民を行った頃、西洋近代的な土地所有権の考え方のもと、オーストラリアの土地は無主地だと考えられていた。

*77　（原注）リッチー・ホーウィットはこれを『消去の政治学』と呼んでいる。Howitt, "Scales of Coexistence," 55.

の園に回帰することは可能なことでもなければ、望ましいことでも
ない。先住民の文化を継承する人々もそうでない人々も、前近代的
ないしローカルな先住民の意味づけや政治を単純に複製することな
どできない。私たちは、今ここにいる私たち自身にとって意味のあ
る仕方で、人間と非 = 人間の時間性（と地理性）を結びつける、私
たち自身の新しいプロセスやナラティブ、そして、時間のパフォー
マンスを創造しなければならない。さらに言えば、私たちはひとつ
の存在論やナラティブを選択しなければならないわけではない。い
くつかの関係的かつプロセス的なアプローチを組み合わせることが
できる。アマンダ・リンチ[*78]とシリ・ヴェランド[*79]が論じている
ように、人新世そのものを含む様々な神話が部分的な洞察を提供し
てくれる。そのため、それらを組み合わせて検証することで、彼女
らが「人間を超えた人新世」と呼ぶところへと共 = 実存の進む道を
案内し、代替的な未来を想像することができるようになるだろ
う[*80]。

【ポスト人間年代思考と同時代化】

しかし、自然科学もまた、人間中心的な人新世の概念や、より一
般的に、時間の概念を超えるための一助となるだろう。ディペシュ・
チャクラバルティ[*81]が指摘しているように、「人間科学における人
新世に関する現代の議論では、地質学的な時間感覚は奇妙なほど後
退しており、世界史というより人間中心的な時間がそれに取って代
わっている」[*82]。それとは対照的に、地質学的な時間に関心を向け

---

*78　（訳注）アマンダ・リンチ（Amanda Lynch）は大気科学と環境ガバナン
　　スを専門とする環境社会学者。

*79　（訳注）シリ・ヴェランド（Siri Veland）は環境変化と災害リスクを専門
　　とする環境社会学者。

*80　（原注）Lynch and Veland, "Coexistence," 140.

*81　（訳注）ディペシュ・チャクラバルティ（Dipesh Chakrabarty）はインド
　　出身の歴史学者。邦訳書に『人新世の人間の条件』（早川健治訳、晶文
　　社、2023）『一つの惑星、多数の世界：気候がもたらす視差をめぐって』
　　（篠原雅武訳、人文書院、2024）がある。

*82　（原注）Chakrabarty, "Anthropocene Time."

第3章　人間的年代における共通時間を求めて　　103

ることは、人間の時間を超えた諸々の時間、つまり、この場合は人間の時間以前の時間や地球の深遠な過去の時間へと関心を向ける助けとなるかもしれない。チャクラバルティが思い起こさせてくれるように、「人類はその歴史のなかでは非常に遅れて登場してきた」[83]。地質学だけでなく天文学もまた、私たち自身の時間に「同時代化する」（「文脈化する」とのアナロジー）のに役立つ。さらに、ブロニスワフ・シェルシンスキー[84]が論じているように、自然の「記念碑」も、パルテノン・フリーズ[85]のような神の時間に言及する人間の手による記念碑も、人間の時間性と他の時間性を媒介し、地球の深遠な時間[86]を想像することを促してくれる。私たちは、過去を思い起こさせる（他の）記憶技術について考えることもできる。それは、最近の過去や深遠な過去、すなわち、歴史の時間と歴史がまだ沈黙していた時代のいずれをも思い起こさせる。深遠な時間は、人間の時間が産声を上げる前の静寂であり、岩石の静寂、地球の内部や表面に刻まれた非＝人間の痕跡の時間である。生物や氷床コア、岩石層を測定し研究するツールや文章記述、コンピューター、AI、データサイエンスといった記憶技術を用いることで、私たちはそれら深遠な時間を明らかにし、媒介することで、それらに語らせることができる。加えて、人文学や芸術学は、書き言葉の技術やアートメディアを通じて、深遠な過去の人間以前の静寂を体験する助けを与えてくれるだろう。ハイデガーやヘルダーリン[87]の解釈を加味して言えば、亡き神々の声の残響に耳を傾けさせてくれるだろう。また、考古学的なツールや文献を使えば、人類の文化や共同体の比較的最近の古代史にもつながりをもつことがで

＊83　（原注）Chakrabarty, "Anthropocene Time," 25.

＊84　（訳注）ブロニスワフ・シェルシンスキー（Bronislaw Szerszynski）はイギリスの社会学者。

＊85　（訳注）パルテノン・フリーズは紀元前440年頃パルテノン神殿に作られたパンアテナイア祭（アテナイ市民による祝祭）をテーマとした浮彫り彫刻。

＊86　（原注）Szerszynski, "The Anthropocene Monument: On relating geological and human time."

＊87　（訳注）フリードリヒ・ヘルダーリン（Friedrich Hölderlin）はドイツの詩人、思想家であり、キリスト教とヘレニズムを融合させた作品を多く遺した。

きる。人文学を取り入れることで、ジャン・ボードリヤール[88]が
「歴史の世俗化」[89]と呼んだ、歴史を目に見える客観的な形式で固
定する考え方を、神話と神話研究により補完することができるかも
しれない。ただし、これもまた、技術的に媒介された解明と語り
(物語り)のひとつである。要するに、私たちは、私たちの前に時
間と世界が存在していたことを十分に理解し、認識し、明らかにす
る必要があるのである。私やあなた、私たち(私たちの共同体や私
たちの社会)の前に、そして、人類の前に、すでに時間と世界が存
在していたのである。先住民の文化だけでなく、科学や芸術、技術
は、私たちが過去の時間とつながりをもち、時間を同時代化する助
けとなるのである。

　しかし、未来に関しても、私たちは同時代化することができる
し、そうしなければならない。私たちは、私たちの人生の時間を超
えた時間や、私たちの特定のコミュニティや社会の時間、人類がパ
フォーマンスをする時間を超えた時間や時間的規模を想像すること
に、より広く心を開く必要がある。私たちは自分たちの時間を中心
に考えすぎている。自分たち以外の時間を考慮し、構築すること
は、気候変動に対処する助けとなり、人間だけでなく非＝人間の繁
栄にとってもより善い結果をもたらすことになる。例えば、私たち
は今日生きている他の種の時間をよりいっそう意識すべきであり、
次の世代のことも考え、彼らが善き時間と存在を享受できるように
すべきなのである。それゆえ、私たちには時間を告示し、様々な方
法で時間を創り出し、それによって、私たちの(現在のローカル
な)時間と存在を、人間か非＝人間かを問わず私たち自身や他の存

---

*88　(訳注)ジャン・ボードリヤール(Jean Baudrillard)はフランスの思想
　　家。邦訳書に『象徴交換と死』(今村仁司・塚原史訳、筑摩書房、
　　1982/1992)や『消費社会の神話と構造』(今村仁司・塚原史訳、紀伊國
　　屋書店、1979/2015)などがある。

*89　(原注)Baudrillard, Simulacra and Simulation, 48.(ジャン・ボードリヤー
　　ル『シミュラークルとシミュレーション』竹原あき子訳、法政大学出版
　　局、2008)ボードリヤールは映画について書いているが、歴史を客観的な
　　形で固定しようとする科学として考古学を捉えることもできる。

第3章　人間的年代における共通時間を求めて　　105

在にとって現在と未来において善い形で形成するような、ポスト人間年代的技術やテクノパフォーマンスが必要となるのである。

しかし、人間を超えた未来がどのようなものかについての見解にはかなりの違いがある。AIのような未来の技術について考える文脈ではポスト人間年代的思考の別のバージョンとして、長期主義という考え方がある。これは、私たちが長期的な未来に影響を与えることを優先事項とすべきという倫理的見解を含む考え方である。未来に対するこのような一般的な方向性は、例えば、環境保護主義者にも共有されており、倫理的な現在主義を正しくも否定するものである。しかし、長期主義では、環境保護主義者による長期的視点とはまったく異なる、長期的な配慮と見方へと関心が向けられている。トランスヒューマニスト[90]の哲学者であるトビー・オード[91]やニック・ボストロム[92]は、次の世代のために地球を保護すべきだという意味ではなく、非常に具体的な終末論的未来観を念頭に置いている。その未来観によれば、人類は時代遅れであり、地球上の生命は間もなく終焉を迎えるかもしれないが、代わりにポスト人間知性的存在が宇宙で爆発的に成長し、拡大する可能性がある。こうしたトランスヒューマニストによれば、私たちは［地球の保護というかたちで］自己破壊に手を染めるのではなく、代わりに、（例えばAI開発に際して）このような発展を支援し、また準備するべきなのである。こうして自然はさらに征服され、人類は、宇宙を植民地化し、おそらくはコンピューター・シミュレーションの中で幸せな生活を送る、膨大な数の新種の人々に取って代わられるのである。未来についてのこのようなテクノコスモス的な視点に照らせば、気候変動やパンデミック、核災害、世界大戦など、地球上で現在進行形で生じている出来事は、取るに足らないただの些細なこと

---

*90　（訳注）本書8頁の脚注*19、39頁の脚注*46、40頁の脚注*48を参照。

*91　（訳注）トビー・オード（Toby Ord）はオーストラリアの哲学者、トランスヒューマニスト。

*92　（訳注）ニック・ボストロム（Nick Bostrom）はスウェーデンの哲学者、トランスヒューマニスト。邦訳書に『スーパーインテリジェンス：超絶AIと人類の命運』（倉骨彰訳、日本経済新聞出版、2017）がある。

に過ぎない。私たちは、それよりも大局的な問題として、オードがその著書『崖っぷち』の中で「私たちの長期的な可能性」[93]と呼んだ、知性が宇宙に拡大し繁栄する可能性を気に掛けるべきである。倫理学にとって重要なことは、この可能性が実現されるかどうかであり、その可能性じたいは破壊されてはならないのである。時間に関する用語で言い換えるとこうだ。最初の100年や1000年は重要ではなく、私たちはより一層長期的な視点に立つべきなのである。

　ここで言う長期主義というものは、私が先に述べた、ポスト人間的年代や惑星規模での共＝実存を目指す方向性とはほとんど関係がない。それどころか、長期主義は、そのような方向性に対する直接的な脅威となるように思われる。というのも、これは現生人類ではなくポスト人類に焦点を当ており、超＝人間的年代を構成しているように見えるからである。しかし、長期主義では、地球や人間以外の動物には関心が向けられない。実際、現在存在する人間や今後100年以内に存在する人間に対してほとんど関心が向けられない。長期主義では、私が提案したような同時代化プロジェクト、すなわち、人間的でパフォーマンスの遂行に組み込まれた意味付けにも関心が向けられない。この同時代化のプロジェクトでは、他の時間と関係を持とうとしつつ、今この瞬間に生じており、今現在の私たち人間にとっての意味を与えようとする。長期主義では、人間以外の動物や地球の生態系の未来にも関心が向けられない。その代わり、長期主義における功利計算では、私たちの時間や次の世代の時間は、いつの日か宇宙に存在するかもしれない何十億もの膨大な数の人々を優先するために切り捨てられる。それゆえ、この立場は、気候変動に対処することは、優先順位を正しく設定できていない、ただ自分たちの気分を良くするための自己満足なプロジェクトにすぎないのであり、極めて長期的な影響に関心が払えていないために真に効果的な利他主義ではないのである。［長期主義によれば、］私たちにとっての不運は歴史年表の間違った端にいることに気づいてしまったことである。AIによる監視は非合理的で欠陥に満ちた人間

---

*93　(原注)Ord, *The Precipice*, 6.

第3章　人間的年代における共通時間を求めて　　107

たちを管理し、超知能とその預言者たちが長期的な目標の実現を達成してくれるだろう。このように、時間についての思考は倫理的で政治的な帰結をもたらすが、この場合、少なくとも現在の人間や非＝人間にとっては非常に危険な帰結がもたらされる[*94]。重要なことは、未来の知的存在が存在するかどうかである。人間同士の共＝実存や非＝人間との共＝実存は問題ではない、あるいは、少なくとも優先すべき問題ではない。現在の善き共＝実存は、人類の特定の未来（あるいは、むしろそれを超えたもの）を実現する手段である場合にのみ価値がある。したがって、長期主義は、私が提案したポスト人間年代的な見方と同様、明確な政治的意義と帰結を持つポスト人間年代的な見方なのである。ただし、私の見立てでは、長期主義は非常に問題含みな見方である。とはいえ、長期主義は、今ここにおける人間の時間に焦点を当てるという通常の考え方を克服することには成功している。人間年代的思考は、もはや時代後れであり、さらに先に進むべき時なのである。

【デジタルテクノロジーと政治的なテクノパフォーマンス】

さらに、人間に関してでさえ、時間についての思考が、方法論的にも、時には政治的にも、個人主義的すぎることが往々にしてある。同期の問題があることはすでに述べた。私たちは共通空間を見つける必要があるだけでなく、同時に（善き）共通時間を見つける必要がある。私たちはもっと互いに同期して動き、パフォーマンスを遂行する必要がある。私たちは共に意味を創り出す必要がある。ここで、共通時間を見つけるという意味での政治的パフォーマンスや同期を主張することは、政治的な主張に他ならない。今日では、そうしないことや共通時間の不在から恩恵を受ける人もいるかもしれない。時間の私有化は、彼らにとって好都合なのである。特定の政治的秩序と社会経済システムは、私たちが共通時間と共通意味を見出すことを妨げているように思われる。そして、AI などのテク

[*94]　（原注）長期主義への批判的見解として Torres, "The Dangerous Ideas of 'Longtermism' and 'Existential Risk'." を参照。

ノロジーを通じて、私たちをサイバースペースにおける複数の「今」へと分散させたり、過去[95]や未来に閉じ込めたりしてしまう。これにより、焦点となる機会や共通時間、そして、共通時間を創り出し、システムに対する同期した抵抗という意味での同期を困難にし、場合によっては不可能にしているのである。すでに資本主義とクロックタイムの関係については述べたが、私が挙げた例が示唆するように、重要なのは、単に時計のことでなく、時間と人間を特定の仕方で組織化し秩序づけることである。チャールズ・チャップリン[96]の『モダン・タイムス』に登場する時計は、クロックタイムを象徴しているだけでなく、（他の方法で労働者を組織化するのではなく）資本家の工場主に利益をもたらす仕方で労働者を組織化している。デジタルテクノロジーは、少なくとも資本主義の構造に組み込まれている限りにおいて、工場だけでなく、他の現代のデジタルなテクノパフォーマンスの文脈においても、今日と同じような効果をもたらしているように思われる。資本主義は経済のグローバル化として同期を促す。しかし、そのことが必ずしも共通時間の形成に寄与するわけではなく、むしろ妨げにさえなっている。デジタルメディアやデジタルテクノロジーは、私たちがそれによって時間のテクノパフォーマンスを遂行するものであるが、資本主義や私物化のツールとなり、特定の社会秩序や、ひいては特定のグローバルな秩序を生み出す。時間は金であるだけでなく、権力でもある。デジタルテクノロジーは、時間と権力をかたちづくるうえで重要な役割を果たしているのである。

　デジタルテクノロジーが私たちの時間に与える影響について、この批判的な視点をさらに概念化するためには、時間についての現代の考え方に影響を与え続けている、マルクス[97]とエンゲルス[98]による政治経済学的遺産と結びつけて考える必要がある。ヴィリリ

---

[95] （原注）Coeckelbergh, "Time Machines: Artificial Intelligence, Process, and Narrative."

[96] （訳注）チャールズ・チャップリン（Charlie Chaplin）はイギリス出身の映画俳優・映画監督。『モダン・タイムス』は資本主義社会と機械文明を題材として、チャップリンが製作したサウンド版コメディ映画。

オ＊99とマルクスへの応答として、ジェイソン・アダムズ＊100は『時間の占拠』＊101の中で、現代の政治経済の基礎は、現在主義的で即時主義的なインターネット体験によって提供されたと主張している。さらに、人によっては、ワイスマンとドッドが「有償か無償かを問わない、ゆっくりとしたデジタル労働」＊102と呼ぶ、時間性と政治経済性を指摘するかもしれない。より早く利用するという時間性が［システムを維持し修理する］労働によって可能になるが、同時に、そうした労働の背後に隠されてしまっていると主張する。マルクス主義的、批判理論的観点からは、この「今」という時間と（他の）資本主義的な時間性にいかに抵抗するかが問題となる。共＝実存するだけでは不十分である。変革をもたらすためには連帯と抵抗が必要なのである。しかし、この変革はどのような形態をとる可能性があり、また、どのような形態をとる必要があるのか。マルクスやエンゲルスの精神にのっとれば、革命を呼びかけることもできるだろう。しかし、アダムズは、革命を呼びかけることは、同じ「今」という時間、つまり、クロノスの時間に訴えることであると指摘する。言い換えれば、私たちは革命を呼びかけても、同じ時間秩序からは抜け出せていないのである。そこで彼は、私たちに「対抗時間性（countertemporality）」＊103を生み出すように提案する。これが何を意味するのかは定かではないが、単に速度を落とすのではなく、特定の状況へと参与することを含んでいるように思われる。これは、すでに述べたカイロスを思い起こさせる。つまり、クロッ

＊97　（訳注）カール・マルクス（Karl Marx）はドイツ出身の哲学者、政治理論家で、彼の社会経済理論は後の経済学や歴史学、労働運動など様々な領域に大きな影響を与えた。邦訳書に『資本論』（エンゲルス編、向坂逸郎訳、岩波文庫）など。

＊98　（訳注）フリードリヒ・エンゲルス（Friedrich Engels）はドイツ出身の社会思想家。マルクスと協力して、共産主義の発展を牽引した。

＊99　（訳注）本書2頁の脚注＊2を参照。

＊100　（訳注）ジェイソン・アダムズ（Jason M. Adams）はアメリカの政治経済学者。

＊101　（原注）Adams, *Occupy Time*.

＊102　（原注）Wajcman and Dodd, *The Sociology of Speed*, 3.

＊103　（原注）Adams, *op. cit.*, 98.

クタイムそのものを変えることではなく、ある状況の中で共に何かを行うことであり、それにより意味と善き時間が生み出されるのである。さらに興味深いことに、アダムズによれば、彼の提案はハイデガーの実存主義における「死への存在（being-toward-death）」ではなく、生の肯定である。彼のアイデアは「新しい時間を生み出すこと」[104]であるが、これはもちろん、ハンナ・アーレントの「始める能力」[105]の源泉としての「出生（natality）」[106]の概念を思い起こさせる。それゆえ、彼の提案する解決策はカイロス的な政治である。しかし、それはハイデガーのように、不安に根ざした思考[107]ではなく、新しいものを切り開く思考を示唆している。この考え方は死にとらわれるものではない。その考え方は、むしろアーレント的であり、出生に関わるものである。あるいは、不安にもとづくのではなく、生を肯定する、より勇ましいニーチェ的な「脱自」のあり方を示唆しているのかもしれない。

　しかし、現在の資本主義的で（ポスト）モダンな秩序の中では、「今」という時間やクロックタイムから離れて、新しい始まりを考えるなどということには依然として困難が伴う。変革や革命の時だと述べること（言葉の行為遂行的な使用）は、資本主義的で近代的な時間秩序によって簡単に吸収され、武装解除されてしまう。革命という考え方もまた、速度を緩くしたり、注意深く慎重になったり、忍耐強くなったりするなどという考え方とはなじまないように思われる。このような代替的なパフォーマンスや古代からの徳は、政治的な「今」を掴もうとする性急な現代の革命家のそれとは対照的であるように思われる。また、これらはすべて個人的な態度や特

---

*104　（原注）Adams, *op. cit.*, 42.
*105　（原注）Arendt, *op. cit.*, 247.
*106　（訳注）ここでの「出生」は、アーレントが提唱した、人間活動の根幹に関わる概念である。アーレントは、人間の行為能力や新しいものの生成といった活動を人間の出生という事態と結び付け、その存在論的な起源を出生のうちに見出す。（ハンナ・アレント『人間の条件』牧野雅彦訳、講談社学術文庫、2023）
*107　（訳注）本書4頁の脚注*7を参照。

第3章　人間的年代における共通時間を求めて　　111

性の問題であり、集団にとって、あるいは、集団行動にとって何を意味するのかは明らかではない。個人的なものと政治的なものとの結びつきを概念化することは、時間や技術について考える文脈でも、その他の文脈でも、依然として困難なのである。

　ひとつの可能な方向性として、政治的パフォーマンスの本性についてさらに考察を深めていくことが挙げられる。資本主義もその他の政治システムも、人々の具体的な政治的（テクノ）パフォーマンスの外に存在するわけではない。たとえ政治的であることを意図していない（テクノ）パフォーマンスであっても、より広範な政治的意義を持つことがある。抗議というパフォーマンスや、あまり注目されていない抵抗のパフォーマンスとして、例えば、新たな形態のコミュニティや共＝実存を維持したり、確立したりするのに役立つ様々な技術の使い方について考察してみるとよい。政治的な含意を持つハッキングというパフォーマンスについてはどうだろうか。例えば、全体主義的な資本主義の現在を生成することを妨げたり、ビッグテックが組織するソーシャルメディアに介入することでファシズム的な社会の分断を妨害したりするようなパフォーマンスがある。また、騒々しいデジタルグローバルメディアの秩序から退き、例えば、禅に触発されて、異なる時間やリズムに従って生きるコミュニティを考察してみてもよい。いずれの場合も、こうしたパフォーマンスや関連する実践は、政治的な意味をもち、人々の具体的な生活にも関わる、時間のテクノパフォーマンスとみなすことができる。このように、パフォーマンスという概念は、人々が行うことや、そうしたパフォーマンスをかたちづくり、同時にそれらによって構成されるより広範な政治的かつ社会経済的な構造との間に概念的なつながりを生み出すことに役立つだろう。時間に関して、異なる種類の時間に移行し、先に述べたような対抗時間性を創り出し、異なるタイプの共時性と共＝実存を築くには、どのような場合であれ、様々な（テクノ）パフォーマンスが必要となる。個人のパフォーマンスとより大きな政治的構造やプロセス、特にグローバルなレベルでの関係を概念化するためには、さらなる研究が必要である。

　さらに、AIのようなデジタルテクノロジーが今日果たしている

重要な役割を考えると、社会的・政治的変革が成功するためには、それが十分にテクノ政治的でなければならない。もし何かしら善き方向へと進むとすれば、革命や抵抗もまた、技術的な基盤を利用し、この基盤を変革しなければならない。私が提案した用語で言えば、私たちはテクノパフォーマンスを正しく遂行する必要がある。もし私たちが本当に変革を望むのであれば、時間や技術を所与のもの、変更不可能なものとして受け入れるべきではない。時間には異なる仕方でテクノパフォーマンスが行われる必要があるが、それはおそらく、デジタルテクノロジーを否定しない仕方によってである。デジタルテクノロジーは時間に変革をもたらす役割を果たすかもしれない。それは、デジタルテクノロジー自体によってではなく（このことがそもそも意味を持つとして）、時間のテクノパフォーマンスの形式において、常に人々が関与することによって果たされるのである。

【カイロス的政治とその責任】

技術が果たすこの役割を政治的パフォーマンスにおいて、また政治的パフォーマンスとして、あるいは人間が決定的な仕方で関与するものとして認識することは、新たな技術を開発する人々に重要な責任を課すことになる。コンピューター科学者やエンジニア、そして研究開発やイノベーションに携わる人々は、倫理的・政治的な責任があることを意識する必要がある。一般的に、そして付け加えて言うならば、時間を創り出す責任があることを意識する必要があるのだ。私たちがより善い時間を過ごせるかどうか、善き時間を共に過ごせるかどうかは、現在開発・設計されている技術、そしてそれに伴うテクノパフォーマンスに部分的に依存している。未来の技術を生み出す人々は、未来のテクノパフォーマンスを共同監修し、共同演出し、それによって私たちの時間と存在をかたちづくっている。加えて、デジタルテクノロジーを使用し、維持する人々も、重要なカイロス的政治責任を負うことになる。というのも、デジタルテクノロジーを設計し、販売する人がどのような目標や人生設計を考えていたかに関わりなく、私たちがそのテクノロジーをどのよう

第3章　人間的年代における共通時間を求めて　113

に使い、どのように維持し、どのような代替的な機能を創造的にパフォーマンスとして遂行するかによって、技術を用いて善き時間を過ごせるかどうかが変わってくるからである。デジタルテクノロジーやデジタルメディアが何であり、また何をなすかは、ユーザーや参加者によって決定的なまでに左右される。例えば、ソーシャルメディアは単なるビッグテックのものではない。それは、あなたや私、一人ひとりのものである。代替となるテクノパフォーマンスを通して、私たちはより善い時間を創造することができる。これには共時性が必要である。例えば、労働者による抵抗や集団行動の共時性や、その時々に行われるものとしては参加型デザインや共同体による維持管理の共時性が求められる。政治経済理論は、テクノパフォーマンスを果たす政治的時間の全体のなかで、ある瞬間（の労働）に焦点化しすぎる傾向がある（革命の瞬間に焦点を当てすぎていることも同じである）。批判理論や技術の哲学は、よりいっそう広範な時間風景を考慮する必要がある。

　さらに、アダムズが示すアーレント的な（そして、おそらくは、ニーチェ的とも言えそうな）考え方は刺激的ではあるが、政治経済学的、マルクス主義的分析、特に『資本論』に焦点を当てた分析は、カイロス的政治の実存的かつ技術的、そして、環境的な側面に対して十分なほど敏感であるわけではない。時間を創り出す政治において重要なのは、私たち人間やその社会的・経済的関係だけでなく、それと私たち自身との関係や、技術との関係、自然との関係である。政治経済学的なアプローチは、人間年代的な時間観にあまりにとらわれすぎていて、現在のグローバルな文脈において私たちが個人のレベルや集団のレベルで直面している実存的な課題やテクノパフォーマンスに関する課題からあまりにもかけ離れてしまう危険性がある。社会経済史としてのクロノスは、気候変動のクロノスや気候科学、その他の科学によって示唆され、デジタルメディアによって媒介される、他の重要なグローバルで長期的な考察（例えば、技術の未来や新たなパンデミックおよび生物兵器に関連する実存的リスクなどへの考察）と関連づけられる必要がある。その一方で、私たちが人間として、あるいは関係的存在[108]として、これらのよ

り大きなプロセスやナラティブ、そしてパフォーマンスに、意味の共同創造者やテクノパフォーマンスの遂行者（演者）、そして新しいものの出現に貢献したいとする共同政治家という仕方で参加するなかで直面する、善き瞬間としてのカイロスや実存的な課題としてのカイロスとも関連づけられる必要がある。私たちは労働者であり、特定の社会の一員であるが、それだけではなく、それ以外の様々な仕方で、時間の共＝実存者であり、時間の共同パフォーマンスの遂行者（共演者）でもある。その中には、気候に関するパフォーマティブなプロセスや、パンデミックや種の絶滅といった、地球規模で人間と非＝人間の同時代性を結びつけるような方法も含まれている。それらは脆弱であり、関係的かつ政治的なものとして脱自状態にある私たちの時間と経験をかたちづくっている。

　結論づけると、私たちには、私たちの個人的な物語の変革や自己変容を目的とする技術やテクノパフォーマンスだけではなく、私たちが技術を用いて行うことが常に政治的であるという認識にもとづき、より広い社会政治的な環境と地球環境のナラティブや時間性、その他の構造をも変革させるような、新たな技術と新たなテクノパフォーマンスが必要なのである。善き時間や善き共通時間を創り出すことは、特定の瞬間や個人、特定の徳、あるいは事物として理解される技術にだけ関係するわけではない。それは、社会や共同体に埋め込まれたナラティブや技術を伴うパフォーマンスの変革、そして、それらが埋め込まれた、時間政治的構造を含む、より広い社会政治的構造やプロセスを変革することにも関係している。もし、私たち自身や他者のためにより善い時間を望むのであれば、資本主義に支配されることのない、現代的な時間の秩序、時計の秩序、そして、人間的年代の秩序の外側にある時間性やリズムに対応するような、共＝実存の新しい政治と新しい形式の共時性が必要となる。そのためには、個人が変化するだけでは不十分である。また、技術のないエデンの園なども存在しないのである。もし、私たちが自分たちの時間に変革を望むのであれば、技術に抵抗するのではなく、技

＊108　（訳注）本書35-40頁を参照。

第3章　人間的年代における共通時間を求めて　　115

術を伴って、場合によってはデジタルテクノロジーも含んで、この
ような時間秩序をパフォーマティブに変化させていく必要がある。

【善き時間と新たなテクノパフォーマンス】

　マッカーサー・ミンゴン[109]とジョン・サットン[110]はマオリ族の
歌と踊りの儀式的なパフォーマンスである「ハカ」を分析した文脈
で、共時性について述べているが、これは少なくともローカルなレ
ベルでは、共＝実存の新しい時間性を創り出すというこのプロジェ
クトのさらなる概念化にとって役に立つかもしれない。ミンゴンら
の分析では、時間のなかでともに動き、時間を守って共に行動する
熟練したパフォーマンスが、社会的な結束を促し、向社会的な態度
を引き起こし、ポジティブな感情を刺激するということが示唆され
ている[111]。ホピ族とナバホ族の居留地に関する人類学的研究を行
ったエドワード・ホール[112]が、『生命によるダンス』ですでに示し
ているように、リズムと時間は私たちを組織し、結束させる[113]。
これらすべての共時性は、今日の善き共＝実存のために差し迫って
必要なものとなっている。いまや、私たちには新たなダンス、ま
た、そのための新たな振り付け[114]、そして、時間の新たなテクノ

＊109　（訳注）マッカーサー・ミンゴン（McArthur Mingon）は認知科学の研究者。

＊110　（訳注）ジョン・サットン（John Sutton）は心の哲学や、認知心理学を
　　　専門とするオーストラリアの哲学者。

＊111　（原注）Mingon and Sutton, "Why Robots Can't Haka : Skilled
　　　Performance and Embodied Knowledge in the Māori Haka."

＊112　（訳注）エドワード・ホール（Edward Hall）はアメリカ合衆国の文化人類
　　　学者。邦訳書に『かくれた次元』（日高敏隆・佐藤信行訳、みすず書房）、
　　　『文化を超えて』（岩田慶治・谷泰訳、阪急コミュニケーションズ）がある。

＊113　（原注）Hall, The Dance of Life. ／Zerubavel, Hidden Rhythms.（エビエタ・
　　　ゼルバベル『かくれたリズム：時間の社会学』木田橋美和子訳、サイマル
　　　出版会、1984）を参照。

＊114　（原注）振り付け（choreography）は、パフォーマンスの時間的な秩序
　　　付けである。その意味は、ギリシャ語で「一体となって踊る（dancing in
　　　unison）」を意味する khoreia と、khoros（コーラス）に由来する。現代
　　　の個人主義において、私たちは主人公に焦点を当てるばかりで、コーラス
　　　のことを見落としてしまう。

パフォーマンスが必要なのである。

　おそらくこのことは、より大規模でグローバルなプロセスへとある程度拡大することができるかもしれない。私たちは、新たな時間の境界線*115や構造（例えば、ナラティブや制度）、ダンス、儀式を共時的かつパフォーマティブに確立することで、24時間7日制の資本主義的な時間性から逃れ、理想的にはそれを置き換えて、新しい時間を再構築する必要がある。私たちは過去の時間に戻りたくても戻れない。しかし、私たちは新しい方法でパフォーマンスをすることはでき、過去と現在から新しいものを創り出すことはできる。私たちはパフォーマティブに物事を動かし、現在の課題に対応することができる。気候変動やパンデミック、戦争、そして、その他のグローバルな問題に照らして、時間のなかで［振る舞うべき］より善い振り付けが必要なのである。

　政治においては常にそうであるように、これを実現するためには、カイロス、つまり、幸運に恵まれる瞬間を捉えなければならない。しかし、これは単にいつその時が来るか、と適切な時間を見極めるだけの問題ではない。ハイデガーが古代ギリシャの文献（および、キルケゴールやルター）*116にもとづいて提案したように、私たちには瞬視（vision）と顕現（appearance）、そして、啓示が必要である*117。しかし、見るという行為は常に距離を前提する。だからこそ、私たちにはパフォーマンスが、特に共時的に振り付けられたテクノパフォーマンスが必要なのである。ハイデガーが例としてよく持ち出すのは職人である。しかし、職人はただ見るだけではなく、パフォーマンスを遂行し、物語ることもする。例えば、陶器を作るとき、職人は時間の中でパフォーマンスをする。しかし、その人はまた、時間を創り出し、特定の時間性をかたちづくり、他者との関係を築く。私たちのテクノパフォーマンスは、私たちにとって

---

*115　（原注）アーヴィング・ゴフマン（Erving Goffman）の役割分担に関する研究に影響を受けたゼルバベルは、時間を分けることは社会生活を構造化し、社会的結束を高めるのに役立つと主張している。

*116　（原注）Critchley, "Heidegger's Being and Time, part 8: Temporality." を参照。

善きものとなる時間性を形成し、本質という意味ではなく、むしろ、共時性という意味において、「私たち」を確立することに役立つものでなければならない。カイロス的政治をこのような仕方で考えるには、ダンスという比喩が適している。私たちは一緒になって動く必要があり、時間を「踊る」ようにならなければならないのである。

このダンスはより包摂的なものになる必要がある。私たちは他者をこのダンスに招待し、参加させるべきである。例えば、他の文化圏の人々や非＝人間も含めるべきである。私たちは、人間や人間以外の他者と同期し、共通リズムを見つけ、新しい動きを通じて共＝実存を築くことを試みることができるが、そのことが何を意味するかは現時点では定かではない。私たちは、グローバルなレベルで、

＊117　（訳注）ここでの記述は、Critchley, "Heidegger's Being and Time, part 8: Temporality" の次の一節にもとづく。なお、訳語は次に従った。（ハイデガー『存在と時間（四）』熊野純彦訳，岩波文庫，2013）
　　「ハイデガーにとって、現在とは、ただ流れ去っていくのを眺める一連の「今」という点が無限に続くものではない。むしろ、現在とは、自分自身のものとして掴み取ることができるものである。未来を予期することによって開かれるのは、『すでにあったこと』（our having-been）という事実であり、それが現在の行為の瞬間へと解放される。これがハイデガーの言う「瞬視（the moment of vision）」（ドイツ語の Augenblick［瞬間］であり、文字通りには「目（Auga）を遣る（blicken）」）である。この用語は、キルケゴールやルターから借用されたもので、ギリシャ語のカイロス（kairos）、すなわち、適切な時機を訳したものとして捉えられる。キリスト教神学において、カイロスはキリストの顕現（appearance）によって成就される、時間の充足や救済を意味していた。ハイデガーがキリスト教神学と異なるのは、瞬視というアイデアを保持しつつ、それを神への言及なしに解釈しようとしている点である。瞬視に現れるのは、本来的な現存在（Dasein）である。」
　　ハイデガーにおいて、「瞬視」は「カイロス」と同義的に用いられる。カイロスはキリスト教において、キリストの顕現とともに生じた時間の救済のことをいう。ハイデガーはキルケゴールやルターによる時間論からカイロス概念を抽出し、そこからキリスト教的な要素を取り除き、実存論的形式化へと至ろうとする。そして、本来的な現在に向かう瞬視を、世間的なものに埋没する非本来的な現在化（現成）から区別する。

非＝人間との関係において、（善き）共時性が何を意味するかについて、より一層真剣に検討する必要があるが、それは例えば次のような問いを検討することから始めることができるだろう。自分たちから［時間的に］遠く離れた人類とどのように同期するのだろうか。またそうした人々から時間や時間性について何を学ぶことができるのだろうか。他者は、時間に対するより善い関係を築いているのだろうか。彼ら／彼女らは善き時間を過ごすことに長けているだろうか。ミンゴンとサットンによる成果のように、歴史研究や異文化間の人類学的研究は、確かにこの目的にとって有益である。しかし、私たちはロマン主義的な仕方で過去に戻ることはできず、新植民地主義的な仕方で他の形式の時間性を専有することもできないし、そうすべきでもない。また、ただ単にローカルな時間に引き返したり、留まったりすることもできない。私たちは、気候変動やその他のグローバルな課題、さらには様々な時間や世代、文化の調整に関連する課題に、効果的に、かつ同時に、民主的に対処することができる、ローカルかつグローバルな非資本主義的、非民族主義的、非全体主義的な形式の共時性を実現する方法を模索する必要がある。

　この新しい時間の政治を実現する（あるいはその誕生を支援する）ためには政治的変革が必要となる。だが、そこにはおそらく緩やかな変化だけでなく、急速な社会経済的変化も含まれうる。革命や急速な変化という考えはア・プリオリに否定されるべきではない。それは、私たちが手遅れになることを恐れるからではなく（この恐れは、資本主義体制の時間的枠組み（chronicity）にとどまるものである）、むしろ、私たちが適切な瞬間に、適切な種類の時間を確立したいと考えるからである。ただし、それは私たちに与えられた時間秩序の外側で行われるべきであり、時間の独裁者としてではなく、時間の発見者として、また、時間の共同パフォーマンスの遂行者（共演者）として、そして、時間のダンサーとして行われなければならない。

　いずれにせよ、私たちには、新たなプロセスやナラティブ、そして、パフォーマンスとして理解される、様々な新しい技術が必要な

のである。これは単に設計や開発の問題ではない。技術のユーザーである私たちは、時間のテクノパフォーマンスの参加者であり、貢献者であり、ファシリテーターである。ここで、進化や他の生物学的なメタファーが思い浮かんでくる[118]。また、新たな始まりを表すメタファーも同じように浮かんでくる。私たちは、より善い時間の創造に関して、成長のプロセスを助ける助産師となり、新たに産まれるテクノパフォーマンスの共同振付師とならなければならない。私たちは、タイミングを計ること、時間を読むこと、そして、時間のパフォーマンスを遂行すること、善き時間のパフォーマンスを遂行することによりいっそう熟達しなければならない。私たちは、プロセスや人々、そして身体を同期させることにもっと長けていなければならない。私たちはリスクを冒してより優れたパフォーマーを演じなければならない。より善いナラティブを紡ぐだけでなく、技術と呼吸を合わせて、互いに一緒にダンスを踊ることもよりいっそう熟達しなければならない。私たちは新しいダンスの誕生を手助けし、その新しいダンスを技術とともに、互いに踊らなければならない。課題は、私たちが困難な時間に直面しているとき、デジタルテクノロジーやその他の技術を使って、どの時間にパフォーマンスを遂行すべきかである。新しく、異なる技術的振り付けを創造し、パフォーマンスをすることで、私たちは新たな始まりの条件を整えることに貢献できるかもしれない。そうすれば、私たちは気候変動対策の時間やコロナ以降の時間、平和の時間といった新しい時間に立ち会い、それら新しい時間のパフォーマンスを遂行し、それらを変革し、迎え入れることができるかもしれない。そこでは、変わりゆく時間の中で、善き時間と善き共通時間を見出し、テクノパフォーマンスを遂行することが課題となる。

---

[118] （原注）Coeckelbergh, *Growing Moral Relations.*

訳者解説

　本　書　は、Mark Coeckelbergh, *Digital technologies, Temporality, and the Politics of Co-existence*, Palgrave Macmillan, 2022の全訳である。

　著者のマーク・クーケルバークは、AI の哲学、ロボットの哲学の第一人者。1975年ベルギー生まれ。イギリスのバーミンガム大学で博士号を取得後、2015年よりウィーン大学哲学部のメディアおよび技術の哲学の教授。2020年まで哲学・教育学部の副学部長を務めた。ほか、プラハのチェコ科学アカデミー哲学研究所の ERA（研究教育拠点）教授、ワレンベルグ AI・自律システム・ソフトウェアプログラム—人間と社会（WASP-HS）およびウプサラ大学の客員教授なども務める。また、欧州委員会の人工知能に関するハイレベル専門家グループや、責任あるロボティクス財団（Foundation for Responsible Robotics）の技術専門委員会（TEC）など、多数の委員会の専門家メンバーとして活躍している。日本でも、2023年 6 月に東京・日本科学未来館で開催されたシンポジウム 'Technology and Mobility—To Realize a Future in Which Everyone can Move Freely' で講演を行ったほか、いくつかの翻訳書によって知っている人が増えてきている。

　クーケルバークの主な著作には以下のものがある。
　　Growing Moral Relations, Palgrave Macmillan（2012）
　　Human Being @ Risk, Springer（2013）
　　Environmental Skill, Routledge（2015）
　　Money Machines, Ashgate（2015）
　　New Romantic Cyborgs, MIT Press（2017）
　　Using Words and Things, Routledge（2017）
　　Moved by Machines, Routledge（2019）

Narrative and Technology Ethics, Palgrave Macmillan（2020）
（Wessel Reijers との共著）

Introduction to Philosophy of Technology, Oxford UP（2019）
（『技術哲学講義』直江清隆・久木田水生監訳、丸善出版、2023）

AI Ethics, MIT Press（2020）（『AI の倫理学』直江清隆訳者代表、丸善出版、2020）

Green Leviathan or the Poetics of Political Liberty, Routledge（2021）

The Political Philosophy of AI, Polity（2022）（『AI の政治哲学』直江清隆訳者代表、丸善出版、2023）

Self-Improvement, Columbia UP（2022）（『自己啓発の罠：AI に心を支配されないために』田畑暁生訳、青土社、2022）

Robot Ethics, MIT Press（2022）（『ロボット倫理学』田畑暁生訳、青土社、2024）

Digital Technologies, Temporality, and the Politics of Co-Existence, Palgrave Macmillan（2023）（本訳書）

Why AI Undermines Democracy and What to Do About It, Polity（2024）

　本書は、デジタルテクノロジーが私たちの時間と存在との関係をどのようにかたちづくっているかを分析し、そして私たちがこれからそれと倫理的、政治的にどう立ち向かえばよいのかを論じたものである。しかし同時に、現代の技術哲学とメディア論と対話しながら、著者自身の哲学的議論の簡潔な紹介をするものともなっている。そのため、『AI の倫理学』などを読んで著者に関心をもった読者には、参照する文献が多岐にわたることや本書で使われる独特な言葉づかいも相俟って、やや取っ付きづらく見える箇所があるかもしれない。そこで以下、本書を読み込むための手がかりとして、若干の解説を付けておくことにしよう。

❶ 今日の私たちの生活は、デジタルテクノロジーなしには考えら

れない。パソコンやインターネットもそうであるが、特にスマートフォンが登場してからは、いつでもどこでもデジタルテクノロジーを使うことができるようになった。デジタルテクノロジーがますます私たち自身の延長になっていくことが実感されているのだ。また、AIとデータサイエンス、特に機械学習とその現代的な応用は、人間の活動や社会の多くの領域において、自動化された分類、予測、レコメンデーション、意思決定、操作を可能にすると考えられている。誕生から死に至るまで、そして個人から（気候変動をも含む）社会の様々なレベルに至るまで、デジタルは私たちの生活や存在に浸透しているのである。

　こうした事態は従来、技術による生活世界の植民地化というような図式で語られることが多かったし、今でもそれは続いている。これに対して現在の技術哲学は、技術と生活世界、客観的領域と主観的領域の裁断に替えて、ネットワークやハイブリッドのように、これらを関係の内で捉える見方を様々な仕方で展開してきた。また規範的な視点から、その関係の内に組み込まれた政治性を取りあげて論じてきた。クーケルバークもそうした動向の内にいるひとりである。本書でクーケルバークが取り組むのは、このような分析にしばしば欠落している、私たちの生活と技術との時間的な次元を解き明かすことである。この点を中心にして、私たちがどのように存在し、時間と関わっていくべきなのかを問う理論的枠組が本書で論じられることになる。第1章では、そのための課題の設定と本書全体の概観がなされることになる。

　私たちの経験が時間の中で行われ、人間存在や社会の時間的次元と結びついていることは様々な場面で見てとれる。冒頭で紹介されるように、デジタル化する現代において時間が足りない、スピードアップしているという感覚が蔓延している。また、日本で話題にされることは多くないが、人類の消滅の危機に備えて人間の能力を増強し、デジタル空間や宇宙空間に進出すべきだとするトランスヒューマニズムの主張も、本文中でも繰り返し言及される。なかでも特筆されるべき現象のひとつは「現在主義」である。私たちは個人史という意味でも，より一般的な歴史という意味でも、過去から現

訳者解説　　123

在、未来へと繋がる歴史的な存在である。個人としての行き着く先には、言うまでもなく死がある。だがデジタルソーシャルメディアと人工知能のプロセスにどっぷり浸かってそのやりとりにかまけているなかで、私たちは目の前の現在に集中させられることになる。私たちは「今」に集中するなかで自分たちの死の可能性からさえ意識を逸らされ、束の間の安心に安住してしまうことになる。この「現在主義」がデジタル化社会の一面であるとされる。

　他方、これとは対照的な一面も指摘される。日本でもデジタルタトゥーということが言われて久しいが、私たちのソーシャルメディア上のプロフィールは私たちを延々と拘束し続ける。言わば、プロフィールにある私たちの過去が未来を規定するのである。そして未来は未来でアルゴリズムによって予測されることになる。そうした未来は閉ざされた未来にほかならないであろう。では現在はどうか。テレビゲーム、コンピューターゲームに手を染めたことがある人なら、苦労して育てたキャラが一瞬のうちに存在を抹消されることを知っているであろう。データとしての私たちの存在も同様である。ソーシャルメディアのなかで存在し続けるためには、たえず自分の存在を提示し、現前させ続けなければいけない。私たちはこうして現前化の流れに迷い込むことになる。

　このようなデジタルメディアによって生み出される時間性に対する分析は、一見悲観主義的なものに映るかもしれない。しかし、クーケルバークの趣旨はそこにはない。この分析を通して取り出されるのは、デジタルテクノロジーが私たちの時間との関係をかたちづくる、ということにほかならない。つまり、私たちの実存のあり方や時間が技術やメディアを通じて特定なかたちでかたちづくられるということである。「デジタルテクノロジーがかたちづくる」という言い方には技術決定論的な響きが残っているかもしれないが、そうではないことは本文のなかで説明されていくことになる。第2章・第3章では、物語（ナラティブ）や演技（パフォーマンス）といったメタファーを用いながら、様々なかたちづくりの可能性があることが解明されていくことになる。第2章では、プロセス哲学、ナラティブ理論、テクノパフォーマンスという概念を用いて、デジ

タルテクノロジーが私たちの時間や存在との関係をどのようにかたちづくっているのかの分析がなされる。第3章では、「人間的年代」と著者が呼ぶもののなかで、私たちがどのようにして善き時間、共通時間を見出すことができるのについて論じられることになる。時間の制定が古来そうであったように、これは政治的な問いでもある。以下、それぞれの章について見ていくことにしよう。

❷ 第2章では，本書で展開される思考にとって構成的な3つの主要概念が導入され，その内実と含意が展開される。章のタイトルにもなっているプロセス，ナラティブ，パフォーマンスがそれである。内容的には極めて重要なこの章の論述は少し錯綜していて，その要点をつかみづらい。以下ではこれら3つの概念の内容を簡潔に要約し，その主要な論点をあらためて確認することにしたい。

(1) **プロセス**

「プロセス」は，本書ではあえて訳さずにカタカナで表したが，「過程」と訳されるのが普通だろう。意味合いとしては「成り行き」という日本語を考えてもよいかもしれない。何かがそれを通して「成り」，生成して「行く」時間的経過がプロセスである。この概念に着眼して行われる哲学は「プロセス哲学」と呼ばれるが，ベルクソンやホワイトヘッド，さらにはヘラクレイトスにまで言及して本章で展開されるのは，人間と技術（デジタルテクノロジー）のプロセス哲学である。本章劈頭，クーケルバークは私たちが様々な事象を「モノ」化して思考する習慣を批判的に指摘しているが，そういう（近代的な）思考法に対して批判的に臨み，人間と技術の関係をプロセスの観点から見ようというのである。

技術を人間という主体が扱う客体（モノ）として考えることは拒否される。主体としての人間も，人間が扱う客観としてのモノも，私たちが技術を使用するというプロセス──「私たちが技術を使用する」と記述されるようなプロセス，と言ったほうが正確であろう──のうちで構成されるのだとクーケルバークは言う（31頁，33-4頁）。どちらが先にあって優位にあるというのではない。両者がともにプロセスのなかで生成してくるのである。だから，訳語

としてはいささかぎこちなくなってしまったが，本章では「共＝創発」や「共＝生成」といった語彙がしばしば用いられる。

　例えば，様々な技術を駆使して集められ，分析された統計データを用いて，それ自身が技術であるようなデジタルメディアが新型のウィルスの流行を報じる。それは私たちを不安にする。技術が〈新型ウィルスの蔓延するなかで不安を抱えて生きる主体〉としての私たちをつくりだすのである。他方，そうした不安を帯びた主体＝実存にとって，そうした技術やメディアは「不安をあおる機械」（37頁）として立ち現れる。パンデミックの渦中にあってメディアとSNSが持つ意味は，平時のそれではない。それは，私たちの行動を促し，抑制し，指示する技術となる。それだけではない。後で述べるように，〈パンデミックの何であるか〉自体がこうしたプロセスのなかで形成される。私たちは外出を控え，マスクを着用し，ワクチンを接種するだろう。メディアに情報を求め，自身もまたそうした日々の様子をSNSへ投稿するだろう。こうした私たちのふるまい自体が〈パンデミックの何であるか〉そのものを構成しているのである。

　私たちも技術も，そしてそれによって知られるところとなる出来事も一連のプロセスのなかで変転しつつ，互いに互いを形成し，意味づけあっている。であれば，私たちがそのプロセスに自覚的に介入し，コントロールすることもまた可能なのではないか。それどころか，そのような責任が私たちにはあるのではないか。ここに本書の倫理的主題が現れることになるが，それはプロセスがナラティブの構造を持つという点に，より具体的に示唆される。

(2) ナラティブ

　プロセスはナラティブの構造を持つとクーケルバークは言う。「ナラティブ」は，「ストーリー（物語）」と同義と見なして大抵は問題ないが，前者には「物語ること」という動名詞的な意味合いが含みとしてある。実際，前世紀には，物語，物語られる事柄そのもの，また物語るということ自体の構造や仕組みなどを研究する「物語論（ナラトロジー）」が人文学分野で学際的に展開され，今日でも多方面で応用されている。

本書を読むうえでそこまで踏み込んだ知識は必要ではない。重要なのは次のことである。物語は筋（プロット）を持つことでひとつの全体的統一として成立する。物語の登場人物も物語のなかに位置づけられる出来事も，そうした全体のうちに組み込まれることによって意味を持つ（46-7頁）。

　私たち自身や技術，私たちに立ち現れてくる様々な出来事の意味もまた，ナラティブ（物語，物語を語ること）によって形成される。例えば昨今，急速に私たちの日常生活に浸透しつつある AI 技術について，私たちはどのような展開と結末を持つ物語を思い描くだろうか。共存の明るい未来か，支配の暗い結末か。気候変動，パンデミック，戦争についてはどうだろうか。技術にせよ，出来事にせよ，私たち自身にせよ，未来の結末へと至る筋にそって展開されるナラティブのうちにそれらがどう位置づけられるかによって，その意味は変化する。

　どのような物語を語るにせよ，それは私一人の手になるようなナラティブではありえない。それは，無数の共著者によって生み出されるナラティブであり，ナラティブは社会的な相互行為のプロセスでもある。デジタルテクノロジーは，それが提供するデータや情報，またメディア，SNS などを私たちに用意することによって，これを可能にする。その意味では，ナラティブは私と他者たちとデジタルテクノロジーによって執筆されるのだと言ってもよい。一方で，技術は物語の登場人物（キャラクター）として意味を与えられるものでありながら，他方で，私たちと一緒になって物語を一緒につくりあげる共著者でもあるわけである（49頁）。

　もとよりその点では私たちも同じである。私はナラティブの語り手であるが，また私自身がその物語の登場人物でもある。だが，そのナラティブが無数の共著者によって社会的に構築されるナラティブの一部にほかならないとしたら，私の実存とその意味は，少なくとも部分的には私ならざる著者たちの手に握られているということになるだろう。いい意味でも悪い意味でも，他より優れた書き手・語り手がいて，ある特定のナラティブが支配的となることは珍しいことではないし，場合によってはそれが私たちの人生に決定的な意

味を与えてしまうことだってある。当然，ここにはナラティブをめぐる倫理的・政治的な問題がある。

　何にせよ，私たちに著者としての社会的責任があることに変わりはない（50-2頁）。どれほどの困難が伴うにしても，私たちは支配的なナラティブに対して抗うことができ，物語は書き換えることができる。ナラティブはそうした行為でありうるのであって，そもそもナラティブ自体が一個のパフォーマンスなのである。

⑶　パフォーマンス

　本書で用いられるパフォーマンスというこの概念には二つの異なった由来がある。ひとつは，ダンスや音楽といったアートにおけるパフォーマンスである。この場合のパフォーマンスは実演，演技，演奏や上演といった意味を持つ。この意味でのパフォーマンスは，（複数の）演者と観客とを含んだ社会的出来事であり，本質的に身体的な運動を含んでいる。実際，クーケルバークがこの概念を本章で導入するのは，ナラティブ＝プロセスの社会性と身体性とを強調するためである（53-4頁）。

　事実，気候変動やパンデミックといった出来事は，私たちの生命を脅かし，私たちの身体を傷つけ，それを損なう可能性がある。だから私たちは，自身の具体的な生活を反省したり，そのスタイルを変えたりする。先にも触れたが，新型コロナウィルスの流行が私たちの具体的な生活のありさまをどのように変化させたかは，私たちの記憶にいまだ新しい。当然，私の行動は他者に影響を与えざるをえず，逆もまた然りである。このような行動の全体が，例えばパンデミックについてのナラティブと一緒になって，パンデミックという出来事の意味を構成している。私たちは結局，気候変動やパンデミックをいわば自ら，しかも共同で「実演している」わけである。

　ここに，パフォーマンス概念の第二の由来が結びつく。J. L. オースティンにはじまる言語行為論は，行為としての言葉の次元に着目するものであった。この文脈では，例えば「約束するよ」と言うことが（単に意味を持つ言葉を発するというにとどまらず）実際に約束をするという行為でもあるという場合を指して「パフォーマティブ（行為遂行的）」という語が用いられる。つまり「約束するよ」

という発話は，約束をするという行為をそれ自体において伴う，パフォーマティブ（行為遂行的）な発話なのである。

　これと同様のことが，本章で主題となっているプロセス＝ナラティブについても言えるわけである。パンデミックについて語り，それを報道するメディアに触れ，そのためにブラウザを立ち上げてサイトを開き，そこで得られた情報をもとに自身の生活スタイルを変える──これらはすべて，パンデミックという出来事そのものを構成するパフォーマンスであるという意味で，パフォーマティブ（行為遂行的）なのだと言えよう。

⑷ 時間のテクノパフォーマンス

　そして，同じことが時間についても言える。──本章の最難関はこの発想であろう。

　身近な例としては時計を考えみればよいだろう。時計という技術を用いることで，私たちは（幸か不幸か）「分刻みの」スケジュールさえ計画することができる。そのようなスケジュールのなかを生きる主体の時間性は，太陽の動きや位置，気温や湿度の変化といった自然現象を手がかりに営まれる生活のそれとは異なる。時計を用いることは，私たちがある特定の質を伴った時間を生きることそのもの──そういうパフォーマンスそのものである。時計にかぎった話ではない。対面での会話と，紙とインクで構成された物質が行き交うようなコミュニケーションがふつうだった頃を懐かしむ世代は（当たり前だが）確実に減りつつある。いまではEメールにかぎらず，タップ（クリック）ひとつでほぼ瞬時に情報を伝達することができるサービスやアプリは数多くある。なるほど便利にはなったが，それによって私たちは即座の応答を迫られるようになった。しかもメッセージはたいてい突然やってくる。私たちの生活は，よく言えば，こうした技術によって秩序づけられ，社会的によくオーガナイズされるが，悪く言えば，そのリズムを崩される。そのスピードは加速させられる。技術によって私たちの生きる時間が変化するのである。

　このように，技術の使用と時間の変容とはたまたま結びつくような二つのプロセスではない。技術を用いるということ自体が，ある

訳者解説　129

特定のあり方をする時間を構成すること，そしてその時間を生きることなのである。「時間のテクノパフォーマンス」（57頁）という言葉が表しているのは，基本的にはこのような事態であると考えてよい。

すべてがすべて私の自由になるものではないということは，時間のテクノパフォーマンスの場合もナラティブの場合と同じである。私の時間を形成する技術の使用は，他者との社会的な相互行為（インタラクション），あるいは技術やそれによって知られる出来事とのインタラクションを伴い，そうして誰か（何か）が私の時間を左右することがありうる。デジタルカレンダーは，今日では多くの人にとってリアルな例であろう（62頁）。そこには何らかの（権）力が働く。「技術と，技術を介して他者とが，人間たちに権力を振るう」（60頁）のである。技術が権力を振るうというのは奇妙に響くかもしれないが，スマートフォンやインターネット技術がどれだけ私たちの生活を支配しているかを考えてみればよい。

その意味で，実は，デジタルテクノロジーそのものがパフォーマティブ（遂行的）だとも言われるのだが（56頁），それが結局は私のパフォーマンスを通して実現することも一面では確かである（62-3頁）。だから，私たちにはそこで形成される時間性に対して責任があるし，私たちはそうした私たちの実存をよりよくするための努力を試みることもできる。ここにデジタルテクノロジーをめぐる倫理的・政治的な問題が改めて浮き彫りになってくる。そもそも「善い」実存とは何か。「善い」時間とはどのようなものか。また，私たちはそれを，デジタルテクノロジーを捨てることなしに，いやそれを通じて，どうやって実現できるのか。

❸ 第3章では、時間のテクノパフォーマンスの倫理的・政治的な次元に焦点が当てられる。ここでは、時間の倫理性と時間の政治性という二つの側面について、クーケルバークが用いたいくつかの重要なキーワードとともに、議論の流れを案内する。

(1) **時間の倫理性と「善き時間」**

時間の倫理性とは、私たちが時間をどのように扱うべきかや技術

が私たちや社会の時間感覚にどのような影響を与えるかといった観点から問われる。クーケルバークは第3章の冒頭で「善き時間とは何か」を問うが、このもとで注目される概念が、幸運な機会や適切な瞬間を意味する「カイロス」である。時間は、時計で測られるような、一方向に直線的に進むもの（カイロスと対置される「クロノス」）としてだけでなく、私たちがどのように感じ、どのように過ごすか、質的に意味のあるもの（つまり、カイロス）としても捉えられる。デジタルテクノロジーによってクロノス的な時間観が主流となった現代において、私たちがいかにしてカイロス的な瞬間に恵まれるか（あるいは、そのような時間を自分たち自身で創り出すか）こそ、善き時間に関する倫理的な問いとなる。

　デジタルテクノロジーは、時間のパフォーマンスを劇的に変化させてきた。例えば、私たちが日常的に使うインターネットやスマートフォンは、効率性や時間短縮を目的として、私たちが情報やタスクに常にアクセスできる環境を提供する。しかし、それらは私たちにスピードや加速を求める社会を形成し、焦燥感やストレスを増大させ、注意を散漫にさせてしまうのである。このように、私たちはクロノス的な時間（「クロックタイム」とも呼ばれる）へと縛られ、カイロス的な瞬間（善き時間）が奪われているのである。このような現代のデジタルテクノロジーとともにある社会において、私たちがカイロス的な瞬間をどう捉えるかが、第3章前半部の課題となる。

　時間によるテクノパフォーマンスを読み解く重要な手がかりとして、クーケルバークはミレーの絵画『晩鐘』を取り上げる。『晩鐘』は、鐘の音を農民たちに仕事の終わりを告げる技術として描く、技術の「テクノパフォーマンス」および「時間的パフォーマンス」を示唆している点で重要であるとされる。しかし、より重要なこととして、私たちは『晩鐘』の鑑賞を通じて、歴史的に技術が時間と私たちの生活や思考を形成してきたという事実と私たちもまた時間を統制するために技術を利用してきたという事実に、つまり、時間のテクノパフォーマンスとそれらの倫理的な重要性や課題に気づかせられるのである。

訳者解説　　131

『晩鐘』に描かれた、過去における時間のテクノパフォーマンスを（再）評価し、デジタルテクノロジーの時間性を批判しようとすると、私たちはロマン主義的な考え方に陥りやすい。しかし、クーケルバークはこのような「エデンの園」への憧憬を拒否する選択肢として、カイロス的な瞬間（善き時間）を生み出すという新たなテクノパフォーマンスを可能にする技術の開発の方向性を提案する（84-5頁）。その際、デジタルテクノロジーを介した自分自身についてのナラティブ、他者や自然、技術と共に遂行されるパフォーマンスに焦点が当てられる。これらのパフォーマンスは時間の創出とともに、そのパフォーマンスの主体である私たち自身や他者、技術も変化する点で、プロセス的であり、他者や技術、自然などが相互に影響し合うことでしか成立しえない点で、常に共同パフォーマンス的なものでもある。クーケルバークは、私たち自身のこのような関係的で非還元的な存在様式に、ハイデガー的な「脱自」のあり方を見出し、自己を固定的で自己完結的なものとして捉えるデカルト的な思考と対置する。

クーケルバークは、以上のような考察を踏まえ、現代のデジタルテクノロジーに、時間との新たな関係を築く可能性を見据え、テクノロジーとの協調による善き時間の創出と、いまとは異なる時間のテクノパフォーマンスを模索することを提案する。その際、課題となるのは、時間が必ずしも私たちの意図したとおりに変化しないことである。ここから時間に変化が生じない原因として時間の政治性へと話が展開する。すなわち、時間の変化が生じない（現状が維持される）背景には、現在の時間性から利益を得る人々が存在し、そこに時間の政治的問題があるのである。

(2) 時間の政治性とデジタルテクノロジー

第3章の後半では、時間の政治性が主題となる。時間の政治性とは、時間が社会や権力構造のなかでいかに組織され、支配されており、それらが人々にどのような影響を与えるかといった観点から問われる。例えば、私たちは一日が24時間で一週間が7日という時間のなかを生きているが、このような時間にも政治性が含まれている。すなわち、24時間7日制のクロックタイム（時計時間）は世界

規模で展開する資本主義のもとで敷かれた時間的「体制」であり、私たちはこの時間制度のなかでパフォーマンスを強いられるのである。そして、時計を含むデジタルテクノロジーは、現在の時間を組織化や規模拡大に貢献する仕方でテクノパフォーマンスを果たしているのである。

　しかし、クーケルバークは、私たちがこのようなクロックタイムから解放されて、「搾取的なテクノパフォーマンス」から解放されて「善き時間」を享受できるような変革の可能性を示唆する。そして、そのために、より善い時間の創出やより善い技術の開発、それらにもとづくテクノパフォーマンスが必要であることを論じる。そこで、クーケルバークは、時間の享受に関して、その主体である「私たち」とは誰であるか、誰がその恩恵を受けるべきかを問い直す。クロックタイムのもと人間中心的な思考に囚われた私たちにとって、時間を享受する主体として私たち人間を想定しがちである。しかし、私たち自身、時間のなかで相互にプロセスとして関係しながらパフォーマンスを遂行しつつ存在すること（「共＝生成」）を踏まえれば、そこに非＝人間としての地球上の様々な存在が含まれうることも見逃されるべきではないのである。そして、非＝人間を含めた善き時間および善き共＝実存のあり方を検討するにあたり、クーケルバークは、様々な記憶技術を援用し、現在とは異なる他の時間性に現在の時間のもとで文脈を与える（同時代化する）ことを提案する（104頁）。その際、クーケルバークは人間年代的思考からの脱却とポスト人間年代的思考にもとづく技術やテクノパフォーマンスの必要性を論じるが、この方向での時間的視野の拡大において、「長期主義」と呼ばれる哲学的立場と混同されることにも注意が促される。クーケルバークによる同時代化の計画は、あくまで非＝人間を含む私たちにとっての善い時間や善い共＝実存が主眼に据えられており、現在の地球や人間への関心をもたないトランスヒューマニストによる長期主義とは区別されなければならない。

　クーケルバークはさらに、デジタルテクノロジーが時間や私たち人間を組織化し秩序付けるうえで大きな役割を果たしていることを指摘する。そのうえで、クーケルバークは、アダムスによる「対抗

時間性」という考え方を援用して、クロックタイムにもとづく現在の時間秩序を超えて、個人や集団が共にパフォーマンスを遂行し、善き時間を享受するための新たな時間秩序の創出というカイロス的な政治行為を提案する。

　だが、技術やテクノパフォーマンスによる時間の変革は、個人にとどまるものではなく、非＝人間を含めた広範な社会や地球環境における時間構造を変革する可能性をもつ点でどこまでも政治的である。それゆえ、私たちが用いる技術やそのテクノパフォーマンスの開発を担う際には相応の責任が課されることが認識されなければならない。とはいえ、私たちにとっての技術への望ましい向き合い方は、技術に対抗することではなく、技術を積極的に活用し、現在の時間秩序や社会構造をより善く変革するために利用することであると結論づけられる。

　翻訳にあたっては、本解説に加えて、煩雑にならない範囲で小見出しや詳しめの訳註を付けたほか、必要な箇所には言葉を補った訳をするなどして、なるべくすんなりと読んでいただけるよう工夫した。また、本書の中では、present（現在、存在、現前化、提示）やperform（パフォーマンスする、演じる、行う、（言語行為論の意味で）行為遂行する）など、英語での（多重な）語義に即した議論も時折なされるが、原語でのつながりを明確にするため、日本語としてはいささか無体裁ではあるが、現前化（提示）のような訳をした箇所や、あるいは、共時性（synchronicity）、同時性（simultaneity）、同時代化（contemporalization）のような訳し分けをした箇所などもある。日本語のみで読める文章にするという翻訳の建前からすれば破格ではあろうが、ともあれ、理科系、文科系を問わず、より多くの読者にお読みいただければ幸いである。

　丸善出版の小林秀一郎氏には、今回も最初から最後までたいへんお世話になった。延び延びになっていた翻訳作業を辛抱強くお待ちいただいたことも含め、訳者一同厚くお礼を申し述べたい。

参 考 文 献

第 1 章

Anders, Günther. *Die Antiquiertheit des Menschen*. Vol. 1, Über die Seele im Zeitalter der Zweiten Industriellen Revolution. Munich: CH Beck, 1956.（ギ ュンター・アンダース『時代おくれの人間 上：第二次産業革命時代にお ける人間の魂』青木隆嘉訳、法政大学出版局、2016）

Arendt, Hannah. *The Human Condition*. Chicago: University of Chicago Press, 1958.（ハンナ・アレント『人間の条件』牧野雅彦訳、講談社学術文庫、 2023；ドイツ語版からの翻訳だが、『活動的生』森一郎訳、みすず書房、 2015）

Benjamin, Walter. *Illuminations*. Translated by Harry Zohn. Boston: Mariner Books, 2019.

Bolter, J. David. *Turing's Man*. Chapel Hill, NC: The University of North Carolina Press, 1984.（J・デイヴィッド・ボルター『チューリング・マン』土屋 俊、山口人生訳、みすず書房、1995）

Bratton, Benjamin H. "Logistics of Habitable Circulation: A Brief Introduction to the 2006 Edition of *Speed and Politics*." In *Speed and Politics*, Paul Virilio.

Castells, Manuel. *The Rise of the Network Society*. 2nd ed. Malden, MA: Wiley-Blackwell, 2010.

Coeckelbergh, Mark. *Human Being @ Risk*. Dordrecht: Springer, 2013.

Coeckelbergh, Mark. "Time Machines: Artificial Intelligence, Process, and Narrative." *Philosophy and Technology*（2021）. https://link.springer.com/ arti-cle/10.1007/s13347-021-00479-y

Coleman, Rebecca. "Making, Managing, and Experiencing 'the Now': Digital Media and the Compression and Pacing of 'Real-Time'." *Communication & Sport* 22, no.9（2020）: 269-298.

Eriksen, Thomas Hylland. *Tyranny of the Moment*. London: Pluto Press, 2001.

Floridi, Luciano. "Digital Time." *Philosophy & Technology* 34（2021）: 407-412.

Flusser, Vilém. *Towards a Philosophy of Photography*. London: Reaktion Books, 2000.（ヴィレム・フルッサー『写真の哲学のために』深川雅文訳、勁草 書房、1999）

Guerlac, Suzanne. *Thinking in Time*. Ithaca, NY: Cornell University Press, 2006.

Hassan, Robert. *Empires of Speed*. Leiden: Brill, 2009.

Heidegger, Martin. *Being and Time*. Translated by Joan Stambaugh. Albany, NY: State University of New York Press, 1996.（ハイデガー『存在と時間』全4 冊、熊野純彦訳、岩波文庫、2013）

Kreps, David, Franz Rowe, and Jessica Muirhead. "Understanding Digital Events: Process Philosophy and Causal Autonomy." In *Proceedings of the 53rd Hawaii International Conference on System Sciences*, 2020.

Kurzweil, Ray. *The Singularity is Near*. New York: Penguin, 2005.（レイ・カーツワイル『シンギュラリティは近い：人類が生命を超越するとき』エッセンス版、NHK出版編 NHK出版、2016）

Lagerkvist, Amanda. "Existential Media: Toward a Theorization of Digital Thrownness." New *Media & Society* 19(１)(2017): 96-110.

Lagerkvist, Amanda. "Digital Existence." In *Digital Existence*, edited by Amanda Lagerkvist New York: Routledge, 2019.

Lagerkvist, Amanda. *Existential Media*. Oxford: Oxford University Press, 2022.

Lee, Sunji. "Coexistence between attention and distraction." *Educational Philosophy and Theory* 54, no.5(2022): 512-520.

McLuhan, Marshall. *Understanding Media*. New York: Mentor, 1964.（マーシャル・マクルーハン『メディア論：人間の拡張の諸相』栗原裕、河本仲聖訳、みすず書房、1987）

Mumford, Lewis-*Technics and Civilization*. New York: Harcourt, Brace and Company, 1934.（ルイス・マンフォード『技術と文明』生田勉訳、美術出版社、1972）

Nowotny, Helga. *In AI We Trust: Power, Illusion, and Control of Predictive Algorithms*. Cambridge: Polity Press, 2021.

Paris, Britt S. "Time Constructs." *Time & Society* 30, no.1(2021): 126-149.

Peters, John Durham. *The Marvelous Clouds: Toward a Philosophy of Elemental Media*. Chicago: The University of Chicago Press, 2015.

Pink, Sarah, and Lanzeni, Debora. "Future Anthropology Ethics and Datafication." *Social Media & Society*(2018): 1-9.

Rosa, Hartmut, and Scheuerman, William E., eds. *High Speed Society*. University Park, PA: The Pennsylvania State University Press, 2009.

Sebald, Gerd. "'Loading, please wait'-Temporality and（bodily）presence in mobile digital communication." *Time & Society* 29, no.4(2020): 990-1008.

Stiegler, Bernard. *Technics and Time III*. Palo Alto, CA: Stanford University Press, 2010.（ベルナール・スティグレール『技術と時間 3』西兼志訳、法政大学出版局、2013）

Tegmark, Max. *Life 3.0: Being Human in the Age of Artificial Intelligence*. London: Penguin Books, 2018.

Virilio, Paul. *Politics of the Very Worst*. Translated by Michael Cavaliere. New York: Semiotext(e), 1999.

Virilio, Paul. *Speed and Politics*. Translated by Mark Polizzotti. Los Angeles, CA: Semiotext(e), 2006.（ポール・ヴィリリオ『速度と政治：地政学から時政学へ』市田良彦訳、平凡社ライブラリー、2001／ Paul Virilio, Vitesse et politique, Galilée 1977からの翻訳）

Wajcman, Judy. "The Digital Architecture of Time Management." *Science, Technology, & Human Values* 44, no.2(2019): 315-337.

Wajcman, Judy, and Dodd, Nigel, eds. *The Sociology of Speed*. Oxford: Oxford University Press, 2016.

第2章

Akama, Yoko, Sarah Pink and Shanti Sumartojo, eds. *Uncertainty and Possibility*. New York: Routledge, 2018.

Anscombe, Elisabeth. "Modern Moral Philosophy." *Philosophy* 33, no. 124(1958): 1-19.（G・E・M・アンスコム「現代道徳哲学」『現代倫理学基本論文集 Ⅲ 規範倫理学篇2』古田徹也監訳、勁草書房、2021所収）

Austin, J.L. *How to do Things with Words*. Oxford: Clarendon, 1962.（J・L・オースティン『言語と行為：いかにして言葉でものごとを行うか』飯野勝己訳、講談社学術文庫、2019；J・L・オースティン『言語と行為』坂本百大訳、大修館書店、1978）

Barker, Timothy Scott. *Time and the Digital*. Lebanon, NH: Dartmouth College Press, 2012.

Bergson, Henri. *Creative Evolution*. New York: Random House Modern Library, 1944.（アンリ・ベルクソン『創造的進化』合田正人・松井久訳、ちくま学芸文庫、2010；ベルクソン『創造的進化』真方敬道訳、岩波書店、1979）

Bergson, Henri. *Duration and Simultaneity*. Translated by Leon Jacobson. Indianapolis: The Bobbs-Merrill Company, 1965.（ベルグソン「持続と同時性」『ベルグソン全集3 笑い／持続と同時性』鈴木力衛・仲沢紀雄・花田圭介・加藤精司訳、白水社、2007所収）

Butler, Judith. "Performative Acts and Gender Constitution: An Essay in Phenomenology and Feminist Theory." *Theatre Journal*(1988): 519-531.

Coeckelbergh, Mark. *Human Being @ Risk*. Dordrecht: Springer, 2013.

Coeckelbergh, Mark. *Moved by Machines*. New York: Routledge, 2020a.

Coeckelbergh, Mark. "Technoperformances: Using Metaphors from the Performance Arts for a Postphenomenology and Posthermeneutics of Technology Use." *AI & Society* 35, no.3 (2020b): 557-568.

Coeckelbergh, Mark. "Narrative Responsiblity and AI." *AI & Society*(2021). https://doi.org/10.1007/s00146-021-01375-x

Deleuze, Gilles, and Félix Guattari. *Mille Plateaux*. Paris: Les Editions de Minuit, 1980.（ドゥルーズ／ガタリ『千のプラトー（上・中・下）』宇野邦一・小沢秋広・田中敏彦・豊崎光一・宮林寛・守中高明訳、河出文庫、2010）

Foucault, Michel. *Power/Knowledge*. Translated by Colin Gordon and Leo Marshall. New York: Pantheon Books, 1980.

Foucault, Michel. *Technologies of the Self*. Edited by Luther H. Martin, Huck Gutman, and Patrick H. Hutton. Amherst, MA: The University of Massachusetts Press, 1988. (ミシェル・フーコー『自己のテクノロジー フーコー・セミナーの記録』田村俶・雲和子訳、岩波現代文庫、2004)

Gilson, Erinn. *The Ethics of Vulnerability*. New York: Routledge, 2016.

Harari, Yuval. *Homo Deus*. London: Penguin, 2015. (ユヴァル・ノア・ハラリ 『ホモ・デウス：テクノロジーとサピエンスの未来（上・下）』柴田裕之 訳、河出書房新社、2018)

Harman, Graham. *Object-Oriented Ontology: A New Theory of Everything*. London: Pelican Books, 2018.

Ihde, Don. *Technology and the Lifeworld*. Bloomington: Indiana University Press, 1990.

Kaplan, David M. "Paul Ricoeur and the Philosophy of Technology." *Journal of French and Francophone Philosophy* 16, no.1/ 2 (2006).

Koops, Bert-Jaap. "A Normative Anthropology of Vulnerability." *Law, Innovation and Technology* 5, no. 2(2013): 289-297.

Kreps, David. *Bergson, Complexity and Creative Emergence*. London: Palgrave, 2015.

Kreps, David. *Against Nature*. New York: Routledge, 2018.

Kreps, David, ed. *Understanding Digital Events: Bergson, Whitehead, and the Experience of the Digital*. New York: Routledge, 2019.

Kreps, David, Franz Rowe, and Jessica Muirhead. "Understanding Digital Events: Process Philosophy and Causal Autonomy." In *Proceedings of the 53rd Hawaii International Conference on System Sciences*, 2020.

Latour, Bruno. *We Have Never Been Modern*. Cambridge, MA: Harvard University Press, 1993. (ブルーノ・ラトゥール『虚構の「近代」：科学人 類学は警告する』川村久美子訳・解題、新評論、2008)

Levinas, Emmanuel. *Totality and Infinity*. Pittsburgh, PA: Duquesne University Press, 1969. (エマニュエル・レヴィナス『全体性と無限』藤岡俊博訳、 講談社学術文庫、2020；レヴィナス『全体性と無限』熊野純彦訳、岩波文 庫、2005(上)／2006(下))

Lipscomb, Benjamin. *The Women Are Up to Something*. Oxford: Oxford University Press, 2021.

MacKenzie, Andrian. *Transductions*. London: Continuum, 2002.

MacKenzie, Donald. "Capital's Geodesic." In *The Sociology of Speed*, edited by Judy Wajcman and Nigel Dodd.

Mesle, C. Robert. *Process-Relational Philosophy*. West Conshohocken, PA: Templeton Foundation Press, 2008.

Murdoch, Iris. *Existentialists and Mystics*. London: Penguin, 1997.

Prasopoulou, Elpida, Athanasia Pouloudi and Niki Panteli. "Enacting New

Temporal Boundaries: The Role of Mobile Phones." *European Journal of Information Systems* 15(2006): 277-284.

Rambo, David Nathan. "Technics Before Time: Experiencing Rationalism and the Techno-Aesthetics of Speculation" PhD diss., Duke University, 2018.

Reijers, Wessel, and Mark Coeckelbergh. *Narrative and Technology Ethics*. New York: Palgrave, 2020.

Ricoeur, Paul. *Time and Narrative—Volume 1.* Translated by Kathleen McLaughlin and David Pellauer. Chicago: The University of Chicago, 1983. (ポール・リクール『時間と物語1 物語と時間性の循環／歴史と物語』新装版、久米博訳、新曜社、2004)

Romele, Alberto. *Digital Hermeneutics: Philosophical Investigations in New Media and Technologies*. New York: Routledge, 2020.

Sartre, Jean-Paul. *Existentialism is a Humanism*. New Haven: Yale University Press, 2007. (J-P・サルトル「実存主義はヒューマニズムである」『実存主義とは何か』増補新装版、伊吹武彦ほか訳、人文書院、1996所収)

Schick, Johannes F.M. "The Potency of Open Objects," *Techné*（2021）online first.

Searle, John R. *The Construction of Social Reality*. New York: The Free Press, 1995.

Simondon, Gilbert. *On the Mode of Existence of Technical Objects*. Translated by Cecile Malaspina and John Rogove. Minneapolis: Univocal Press, 2017.

Tegmark, Max. *Life 3.0: Being Human in the Age of Artificial Intelligence*. London: Penguin Books, 2018. (マックス・テグマーク『LIFE 3.0：人工知能時代に人間であるということ』水谷淳訳、紀伊國屋書店、2019)

Verbeek, Peter-Paul. *What Things Do*. University Park, Pennsylvania: Penn State University Press, 2005.

Wajcman, Judy, and Nigel Dodd, eds. *The Sociology of Speed*. Oxford: Oxford University Press, 2016.

Whitehead, Alfred North. *Process and Reality*. New York: The Free Press, 1978. (アルフレッド・ノース・ホワイトヘッド『ホワイトヘッド著作集 第10巻 過程と実在（上）』1984；『ホワイトヘッド著作集 第11巻 過程と実在（下）』1985、山本誠作訳、松籟社)

Zimmerli, Walther. "Künstliche Intelligenz und Postanaloges Menschsein." In *Künstliche Intelligenz-die große Verheißung*, edited by Anna Strasser, Wolfgang Sohst, Ralf Stapelfeldt, and Katja Stepec. Berlin: Xenomoi Verlag, 2021.

Zuboff, Shoshana. *The Age of Surveillance Capitalism*. New York: PublicAffairs, 2019. (ショシャナ・ズボフ『監視資本主義：人類の未来を賭けた闘い』野中香方子訳、東洋経済新報社、2021)

第 3 章

Adams, Jason M. *Occupy Time*. New York: Palgrave Pivot, 2014.

Ananthaswamy, Anil. "Time Flows Uphill for the Yupno." *New Scientist* 214, no. 2867(2012): 14.

Arendt, Hannah. *The Human Condition*. Chicago: University of Chicago Press, 1958.（ハンナ・アレント『人間の条件』牧野雅彦訳、講談社学術文庫、2023）

Bastian, Michelle. "Fatally Confused: Telling the Time in the Midst of Ecological Crises." *Environmental Philosophy* 9, no.1(2012): 23-48.

Baudrillard, Jean. *Simulacra and Simulation*. Translated by Sheila Glaser. Ann Arbor: The University of Michigan Press, 1994.（ジャン・ボードリヤール『シミュラークルとシミュレーション』竹原あき子訳、法政大学出版局、2008）

Bawaka Country et al. "Co-Becoming Bawaka: Towards a Relational Understanding of Place/Space." *Progress in Human Geography* 40, no.4 (2016): 455-475.

Birth, Kevin. *Objects of Time*. New York: Palgrave Macmillan, 2012.

Borgmann, Albert. "Cyberspace, Cosmology, and the Meaning of Life." *Ubiquity* Vol. 2007. https://ubiquity.acm.org/article.cfm?id=1232403

Borgmann, Albert. *Technology and the Character of Contemporary Life*. Chicago: University of Chicago Press, 1984.

Chakrabarty, Dipesh. "Anthropocene Time." *History and Theory* 57, no.1(2018): 5-32.

Coeckelbergh, Mark. "Time Machines: Artificial Intelligence, Process, and Narrative." *Philosophy and Technology*(2021). https://link.springer.com/arti-cle/10.1007/s13347-021-00479-y

Coeckelbergh, Mark. *Growing Moral Relations*. Basingstoke: Palgrave Macmillan, 2012.

Colebrook, Claire. "A Grandiose Time of Coexistence: Stratigraphy of the Anthropocene." *Deleuze Studies* 10, no.4(2016): 440-454.

Conley, Verena Andermatt. "Bruno Latour: Common Spaces." In *Spatial Ecologies*. Liverpool: Liverpool University Press, 2012.

Critchley, Simon. "Heidegger's Being and Time, part 8: Temporality." *The Guardian*, July 27, 2009. Accessed November 26, 2021. https://www.theguard-ian.com/commentisfree/belief/2009/jul/27/heidegger-being-time-philosophy

Donaldson, Sue, and Will Kymlicka. *Zoopolis: A Political Theory of Animal Rights*. Oxford: Oxford University Press, 2011.（スー・ドナルドソン、ウィル・キムリッカ『人と動物の政治共同体：「動物の権利」の政治理論』青木人志・成廣孝監訳、尚学社、2016）

Foucault, Michel. *Discipline and Punish*. New York: Vintage Books, 1977.（ミシ
　ェル・フーコー『監獄の誕生』田村俶訳、新潮社、1977/2020）

Fukuyama, Francis. "The End of History?" *The National Interest* 16(1989):
　3‑18.

Gould, Stephen Jay. *Time's Arrrow, Time's Cycle*. Cambridge, MA: Harvard
　University Press, 1987.（スティーヴン・J・グールド『時間の矢・時間の
　環：地質学的時間をめぐる神話と隠喩』渡辺政隆訳、工作舎、1990）

Hall, Edward. *The Dance of Life*. Garden City, NY: Anchor Press/Doubleday,
　1983.

Heidegger, Martin. "Letter on Humanism." In *Basic Writings: Nine Key Essays,
　plus the Introduction to Being and Time*, edited by David Farrell Krell.
　London: Routledge, 1978.（マルティン・ハイデッガー『「ヒューマニズ
　ム」について』渡邊二郎訳、ちくま学芸文庫、1997）

Howitt, Richie. "Scales of Coexistence." *Macquarie Law Journal* 6 (2006): 49–
　64.

Jung, Sang In, Na Kyung Lee, Kyung Woo Kang, Kyoung Kim, and Do Youn Lee.
　"The Effect of Smartphone Usage Time on Posture and Respiratory
　Function." *Journal of Physical Therapy Science* 28, no.1(2016): 186‑189.
　https://doi.org/10.1589/jpts.28.186

Kreps, David. *Against Nature*. New York: Routledge, 2018.

Larsen, Soren C., and Jay T. Johnson. *Being Together in Place: Indigenous
　Coexistence in a More Than Human World*. Minneapolis: University of
　Minnesota Press, 2017.

Latour, Bruno, and Emilie Hermant. *Paris: Invisible City*. Translated by Liz
　Carey-Libbrecht. 2006. Available at http://www.bruno-latour.fr/virtual/
　PARIS-INVISIBLE-GB.pdf

Lynch, Amanda, and Siri Veland. "Coexistence." In *Urgency in the Anthropocene*,
　139‑162. Cambridge, MA: MIT Press, 2018.

Mickey, Sam. *Whole Earth Thinking and Planetary Coexistence*. New York:
　Routledge, 2016.

Mingon, McArthur, and John Sutton, "Why Robots Can't Haka: Skilled
　Performance and Embodied Knowledge in the Māori Haka." *Synthese* 199
　(2021): 4337‑4365.

Nuñez, Rafael E., and Eve Sweetser. "With the Future Behind Them: Convergent
　Evidence From Aymara Language and Gesture in the Crosslinguistic
　Comparison of Spatial Construals of Time." *Cognitive Science* 30, no.3(2010)
　: 401‑450.

Ord, Toby. *The Precipice*. New York: Hachette Books, 2020.

Proust, Marcel. In *Search of Lost Time*. New Haven: Yale University Press, 2013.
　（マルセル・プルースト『失われた時を求めて』全14巻、吉川一義訳、岩

波文庫、2010-2019)

Rosenblat, Alex, and Luke Stark. "Uber's Drivers: Information Asymmetries and Control in Dynamic Work." *SSRN Electronic Journal* 10, no. 27 (2016). https://doi.org/10.2139/ssrn.2686227

Szerszynski, Bronislaw. "The Anthropocene monument : On relating geological and human time." *European Journal of Social Theory* 20, no.1 (2017): 111-131.

Torres, Phil. "The Dangerous Ideas of 'Longtermism' and 'Existential Risk'." *Current Affairs*, July 28, 2021. Accessed 1 May 2022. https://www.currentaf-fairs.org/2021/07/the-dangerous-ideas-of-longtermism-and-existential-risk

Vallor, Shannon. *Technology and the Virtues*. New York: Oxford University Press, 2016.

Vincent, James. "Amazon denies stories of workers peeing in bottles, receives a flood of evidence in return." *The Verge*, March 25, 2021. https:// www.theverge.com/2021/ 3 /25/22350337/amazon-peeing-in-bottles-workers-exploitation-twitter-response-evidence

Wajcman, Judy, and Nigel Dodd, eds. *The Sociology of Speed*. Oxford: Oxford University Press, 2016.

Zadeh, Joe. "The Tyranny of Time." *Noema Magazine*, June 3, 2021. https:// www.noemamag.com/the-tyranny-of-time/?fbclid=IwAR2X5jL8KvYSfBwS8-3o6xVh6PzG8RYxfQ3AnMabWPN-xWrT6jxKZl8gjOU

Zerubavel, Eviatar. *Hidden Rhythms: Schedules and Calendars in Social Life*. Chicago: University of Chicago Press, 1981. (エビエタ・ゼルバベル『かくれたリズム：時間の社会学』木田橋美和子訳、サイマル出版会、1984)

索　引

英　字

AI …… 6, 12, 15, 17, 21, 22, 36, 39–41, 43, 69, 80, 97, 104, 106, 108, 109, 113

COVID-19 ……………………………… 5, 56

あ　行

アーレント，ハンナ …… 3, 76, 94, 111

アンダース，ギュンター ……………… 6

意識 …… 4, 31, 32, 34–36, 81, 105, 113

意味 …… 5, 6, 8, 9, 15, 17, 25, 26, 29, 34, 35–37, 40, 43, 44, 46–52, 56, 58, 67, 72, 73, 76, 77, 79, 80–82, 85, 88, 89, 96, 107, 108, 109, 111, 112, 115, 118

インタラクション，相互作用 …… 13, 16, 22, 34, 35, 37, 43, 49, 65, 68–70, 79, 91, 130

ヴィリリオ，ポール …………… 5, 9, 110

ウィルス ……………………………… 38

ウミガメ ……………………………… 93

運動 …… 52, 54–56, 58–60, 62, 65, 81

運動的 ……………… 23, 26, 54, 58, 59

エウダイモニア ……………………… 77

エクスティンクション・レベリオン
………………………………… 8, 48, 56

オースティン，J. L. ………… 55, 72, 95

か　行

解釈学 ………………………… 46, 52

カイロス ……… 75, 79, 85, 88–90, 111, 115, 117

カイロス的政治 …………… 111, 114, 118

画一化 ………………………………… 96

確定不可能 …………………………… 42

過去 …… 5, 9, 11, 14, 15, 17, 21, 23, 39, 46, 51, 68, 69, 82, 84, 85, 87, 90, 98–101, 104, 105, 109, 117, 119

加速 …… 2, 5, 9, 12, 45, 77, 78, 82, 85, 88

カレンダー，暦 …… 2, 21, 61–65, 67, 84,

関係的 ……… 22, 25, 35, 40, 41, 45, 49, 50, 60, 91, 92, 95, 101, 103, 115

監視 ………………………… 84, 97, 108

危機＝内＝主体 …………………………… 36

気候

　気候危機 ……… 47, 51, 56, 61, 71, 73, 77, 86, 92

　気候時計 ………………………… 75, 92

　気候変動 …… 6 -8, 12, 22, 24, 27, 35, 36, 38, 45, 47–52, 54–56, 68, 71, 73, 75, 92, 100, 105, 106, 114, 117, 119, 120

儀式 ………………… 82, 84, 85, 117

技術 ……… 2, 4, 7, 9, 13, 17–29, 31–43, 45, 47–49, 51–53, 56–67, 69–72, 76, 77, 78–81, 83–85, 88–92, 96–99, 104, 105, 112–116, 120

技術決定論 ……………………………… 90

技術資本主義 ………………………… 96

傷つきやすさ，脆弱さ …… 12, 13, 18, 19, 41, 42, 54, 81

規範的 ………… 1, 41, 42, 51, 66, 72, 76

共時性 ……………… 69, 75, 76, 98, 112, 114–116, 118, 119

共＝実存，共存 ……… 1, 23, 24, 84, 88, 90, 93–95, 98, 99, 101–103, 107, 108, 110, 112, 115, 116

共＝進化 …………………………… 33, 45

共＝生成 ……………… 43, 101, 102

規律・訓練 ……… 71, 72, 75, 84, 87, 96

空間 …… 3, 13, 70, 75, 94, 95, 101, 102

クロノス ……………… 85, 96, 110, 114

　年代経過の論理 ………………………… 86

グローバルな，地球規模の …… 12, 18, 24, 45, 54, 73, 75, 87, 89, 96–99, 109, 112, 114, 117, 119

決定論 ……………………………… 23

現在，現前，存在 …… 9 -11, 13–15, 17, 21, 23, 24, 26, 38, 51, 68, 69, 80, 81, 88, 93, 97–99, 106–108, 111, 112, 114, 117

現在主義 ……………… 9, 11, 106, 110

143

倫理的な現在主義 …………… 106

権力，力 …… 24, 26, 60-65, 71, 72, 84, 97, 102, 109

行為遂行的（遂行的，パフォーマティブ）……… 55, 56, 60, 72, 95, 96, 111

呼吸 ………………………… 80, 81, 120

個体化 …………………………… 32

個体発生，存在生成 ……… 25, 32, 41

コミュニケーション的 ………… 50, 56

コロナ

　コロナウィルス ……… 12, 60, 61, 120

さ 行

サイバー空間 ……………………… 70

サイバー時間 ……………………… 70

サルトル，ジャン＝ポール ……… 29, 42, 44

死 ……… 1, 3-7, 10-12, 16, 17, 19, 26, 27, 89, 92, 111

時間

　共通時間 …… 75, 76, 88, 93-95, 108, 109, 120

　クロックタイム（時計の時間）…… 21, 82, 85-87, 90, 92, 96, 97-99, 109, 111

　時限爆弾 ………………………… 86

　時間帝国 ………………………… 96

　時間の創造 ……………… 75, 93, 120

　善き時間 ……… 23, 24, 73, 75-77, 80, 88-90, 93, 98, 105, 111, 113-116, 119, 121

時間政治的 ………………… 102, 115

時間的パフォーマンス ……………… 82

自己 …… 22, 23, 25-27, 29, 31, 35, 36, 38-40, 45, 46, 50, 54, 71, 72

死すべき運命 ……………………… 7

自然 …… 20, 21, 26, 34, 47, 65, 81, 86, 87, 91-93, 98, 100, 104, 106, 114

持続 ……………………… 31, 32, 35

実存

　実存主義 …… 29, 34, 42, 46, 89, 111

　実存的な時間性 ……………… 50, 56

　デジタルな実存，デジタルな存在 …… 25, 33, 40, 45, 46, 52, 57, 66, 69, 70, 76, 77

死への存在 ……………………… 111

資本主義 …… 12, 14, 24, 39, 78, 95-97, 109, 112, 115

社会的 ……… 13, 17, 21, 23, 25, 26, 44, 45, 48, 49, 51-54, 58-60, 64, 77, 84, 89, 90, 95-98, 113, 114, 116

終末論的 …………… 48, 92, 93, 106

主観・主体（vs. 客観・客体）

　パンデミック主体 ……… 36, 38, 71

　不安を抱えた主体 ……………… 37

シモンドン，ジルベール ……… 32, 33, 40

シンギュラリティ（技術的特異点）……… 40, 43, 48

人新世 …………… 68, 86, 100, 103

身体 …… 12, 13, 52-56, 58-60, 62, 65, 71, 72, 80, 81, 91, 97, 120

身体化 ………………………… 54, 59

人類 …… 3, 4, 7, 8, 11, 22, 43, 48, 99, 104-106, 108, 119

筋立て ……………………………… 46

スティグレール，ベルナール ……… 9, 32, 33

スピード ……… 2, 3, 5, 9, 12, 20, 36, 45, 67, 68, 78, 92, 96

　スピードの帝国 ………………… 13

スマートフォン ……………… 65, 72

生，ライフ

　デジタルな生，デジタルライフ …… 6, 16, 57

　生の肯定 ……………………… 111

生活世界 …………… 18, 20-22, 64, 70

政治

　時間政治 ……………………… 102

　時間政治的構造 ……………… 115

　社会政治的構造 ……………… 115

政治的 ……… 23, 24, 26, 33, 52, 60, 61, 64, 66, 72, 73, 75, 77, 78, 93-99, 102, 108, 109, 112-115, 119

生成

　関係＝内＝生成 ……… 35, 40

　共＝生成 ……… 43, 101, 102

　生成者 ……… 59, 62

世界内存在 ……………………… 18

責任 …… 7, 23, 26, 41-43, 45, 51, 52, 58, 60, 63, 66, 73, 102, 113, 114

ナラティブの責任 ················· 51, 52
先住民族 ································ 100
戦争 ············· 4-6, 12, 35, 36, 38, 48,
54-56, 60, 61, 68, 69, 71, 72, 89,
117
相互関係 ···························· 35, 99
創発 ······· 25, 31, 33-37, 40, 43, 46, 47,
49-53, 59, 60, 66, 67, 69, 72, 101
創発者 ································· 59
即時性 ······························ 9, 13

た 行

対抗時間性 ······················ 110, 112
体制 ······························ 9, 82, 84
脱自 ·························· 91, 111, 115
ダンス ·············· 76, 88, 116-118, 120
地球 ············· 8, 11, 13, 14, 18, 86, 92,
99-101, 104, 106, 107
注意の散逸 ···················· 11, 15, 80
長期主義 ····················· 76, 106-108
抵抗 ····· 40, 60, 63, 64, 82, 87, 98, 109,
110, 112-114, 116
帝国
　時間帝国 ·························· 96
出来事 ············ 7, 12, 25, 27, 33-36, 38,
45-51, 58, 72, 73, 107
テクノコスモス的 ···················· 106
テクノパフォーマンス
　カウンターテクノパフォーマンス ······
　63
　時間のテクノパフォーマンス ········· 1,
　26, 58, 60, 64, 71-73, 75, 76, 85,
　90, 92, 93, 95, 109, 112, 113, 120
デジタルテクノロジー ············ 1, 2, 8, 9,
11-15, 17-27, 33-39, 41, 47, 49, 50,
52, 53, 56-58, 64, 65, 67, 71-73,
76-82, 85, 87-92, 95, 97, 98, 109,
113, 114, 116, 120
データ
　データ化 ·························· 17
　データサイエンス ········ 4, 17, 36, 69,
　104
同時代化 ···················· 76, 104, 105
ドゥルーズ，ジル ···················· 28, 32
徳 ························· 44, 77, 111, 115

時計 ········ 2, 20, 65, 68, 73, 85, 86, 92,
93, 96, 98, 99, 109, 115
トランスヒューマニズム ············ 39, 42

な 行

ナラティブ····· 9, 21-25, 29, 43, 45-54,
58-61, 64, 66, 67, 70, 73, 75-78, 84,
85, 87, 88, 91-93, 98, 100, 101, 103,
115, 117, 120
二元論（対 非二元論）······· 33, 47, 66,
67, 70, 81, 88, 92
ニーチェ，フリードリヒ ······ 43, 82, 84
ニヒリズム ···························· 42, 82
人間的年代 ······· 1, 24, 75, 86, 100, 107,
115
人間を超えた ············· 101-103, 106
忍耐 ································ 77

は 行

ハイデガー，マルティン ······ 3, 4, 9, 18,
20, 33, 104, 111, 117
場所 ········· 79, 86, 89, 93, 99, 101, 102
バトラー，ジュディス ·········· 55, 72, 95
パフォーマンス，遂行，上演
　（時間の）共同遂行者 ······· 53, 60, 64
　時間のパフォーマンス ····· 26, 57, 61,
　65, 78, 90, 102, 103, 120
　テクノパフォーマンス ······· 1, 26, 57,
　58, 60, 61, 63-67, 69-73, 75, 76,
　78, 80, 83, 85, 87-90, 92, 93,
　95-99, 106, 109, 112-118, 120
パワカ族の存在論 ···················· 101
『晩鐘』 ···························· 75, 82, 85
パンデミック ······ 4, 12, 19, 24, 35, 36,
38, 48, 54-56, 60, 61, 68, 69, 71-73,
77, 89, 106, 115, 117
非＝人間，人間以外のもの ········ 35, 36,
47, 49, 75, 87, 91, 99, 100, 102-105,
108, 115, 119
不安 ········ 3, 4, 8, 15, 8, 35, 37, 64, 72,
77, 111
不確実性 ·················· 6, 17, 41, 42, 90
複数時間性 ···························· 66
フーコー，ミシェル ······ 70, 71, 84, 87,
95, 96

索　引　　145

仏教 ……………………………… 14
　禅 ……………………………… 112
プロセス …… 14, 22–25, 29–58, 60, 61,
　66–68, 70, 72, 73, 75, 76, 78, 81,
　88–92, 96–98, 102, 103, 112, 115,
　117, 120
文化的な違い
　先住民族も参照 ………………… 21
文明 …………………………… 7, 27, 49
ヘラクレイトス ………………… 30, 31
ベルクソン，アンリ …… 25, 31, 35, 41
変化，変革，変更 …… 37–39, 51, 54, 62,
　77, 78, 91, 93, 98, 101, 110, 113,
　115, 116, 119, 120
ベンヤミン，ヴァルター ……………… 11
変容 ………… 19, 21, 70, 98, 115
ポスト現象学 ………………… 21, 27, 78
ボルグマン，アルバート …… 75, 79–81,
　83, 88
ホワイトヘッド，アルフレッド・ノース
　……………………………… 30, 31, 40
本来的 / 非本来的 ……… 9–11, 17, 118

ま 行

マインドフルネス ………………… 14, 80
マクルーハン，マーシャル ………… 18
待ち時間 …………………………… 13
マルクス，カール ………………… 110
マンフォード，ルイス …………… 20, 87
未来 ……… 3, 8–15, 17, 21, 22, 38–42,
　47, 51, 69, 90, 98–100, 103, 105–
　109, 113, 115

ミレー，ジャン＝フランソワ …… 75, 82,
　85, 87
メディア
　実存的メディア ………………… 18
　ソーシャルメディア ……… 4–6, 8, 11,
　　13–16, 39, 47, 50, 56, 58, 59, 61,
　　65, 68, 69, 71, 89, 112, 114
　デジタルメディア …… 1, 5, 11, 12, 14,
　　22, 23, 35–38, 50, 51, 54, 56, 58,
　　68, 69, 76, 80, 92, 109, 114
物語 …… 5, 9, 46–52, 55, 60, 61, 90, 115

や 行

有限性 ………………… 3–7, 13, 15, 19
ユプノ族 …………………………… 100
予言不可能 ………………………… 42

ら 行

ラトゥール，ブルーノ … 32, 49, 94, 95
リスク ……… 6, 8, 11, 19, 41, 115, 120
リズム ……… 60, 61, 65, 68, 80, 85, 96,
　97, 112, 115, 116, 119
歴史 ……… 6, 9, 11, 38, 69, 94, 95, 99,
　102, 104, 105
ロマン主義的，ロマンティック …… 81,
　82, 84, 85, 88, 119

わ 行

惑星 ………………………… 50, 59, 73

デジタルテクノロジーと時間の哲学

令和 6 年 11 月 30 日　発　行

訳　者　　直　江　清　隆
　　　　　佐　藤　　　駿
　　　　　鹿　野　祐　介

発行者　　池　田　和　博

発行所　　丸善出版株式会社
　　　　　〒101-0051 東京都千代田区神田神保町二丁目17番
　　　　　編集：電話(03)3512-3264／FAX(03)3512-3272
　　　　　営業：電話(03)3512-3256／FAX(03)3512-3270
　　　　　https://www.maruzen-publishing.co.jp

© Kiyotaka Naoe, Shun Sato, Yusuke Shikano, 2024

組版印刷・精文堂印刷株式会社／製本・株式会社 松岳社

ISBN 978-4-621-31047-2　C1010　　　　　Printed in Japan

本書の無断複写は著作権法上での例外を除き禁じられています.